杭州市哲学社会科学重点研究基地"高等职业教育（陶行知教育思想）研究中心"课题（2019JD66）研究成果。

学前儿童音乐教育理论与实践研究

符丽琴　著

北京工业大学出版社

图书在版编目（CIP）数据

学前儿童音乐教育理论与实践研究 / 符丽琴著. —北京：北京工业大学出版社，2021.10 重印
ISBN 978-7-5639-7061-2

Ⅰ. ①学… Ⅱ. ①符… Ⅲ. ①学前儿童－音乐教育－教学研究 Ⅳ. ① G613.5

中国版本图书馆 CIP 数据核字（2019）第 236442 号

学前儿童音乐教育理论与实践研究

著　　者：	符丽琴
责任编辑：	李倩倩
封面设计：	点墨轩阁
出版发行：	北京工业大学出版社
	（北京市朝阳区平乐园 100 号　邮编：100124）
	010-67391722（传真）　bgdcbs@sina.com
经销单位：	全国各地新华书店
承印单位：	三河市元兴印务有限公司
开　　本：	710 毫米 ×1000 毫米　1/16
印　　张：	11
字　　数：	220 千字
版　　次：	2021 年 10 月第 1 版
印　　次：	2021 年 10 月第 2 次印刷
标准书号：	ISBN 978-7-5639-7061-2
定　　价：	45.00 元

版权所有　翻印必究

（如发现印装质量问题，请寄本社发行部调换 010-67391106）

前　言

　　学前儿童音乐教育是以音乐为艺术手段的教育活动，它是以学前儿童能够理解和接受的音乐为艺术手段和内容的教育实践。音乐是表情达意的艺术，学前儿童自身恰恰具有喜形于色、感情外露的特点，而音乐中强烈的情绪对比、鲜明的感情描写正好可以抒发儿童的内心感受。因此，丰富学前儿童在音乐方面的活动，探索设计多样的教学方法，并不断完善这一方面的教育机制成为重中之重。

　　本书第一章为绪论，主要阐述了音乐与音乐教育、学前儿童音乐及其教育等内容；第二章为音乐教育与学前儿童发展，主要论述了音乐教育与学前儿童的身心发展和音乐能力发展等内容；第三章为世界著名音乐教育体系，主要介绍了达尔克罗兹音乐教育体系、柯达伊音乐教育体系以及奥尔夫音乐教育体系等内容；第四章为学前儿童音乐教育的课程教学理论与环境创设，主要内容为学前儿童音乐教育课程概论、教学原则以及环境创设；第五章为学前儿童歌唱活动实践指导，主要内容为歌唱活动概述、歌唱活动的设计和组织指导、学前儿童歌唱能力的发展、歌唱活动中的教学障碍与消解策略；第六章为学前儿童韵律活动实践指导，主要阐述了韵律活动的教育内容、韵律活动的设计和组织指导、学前儿童韵律能力的发展与提升策略、韵律活动中的教学障碍与消解策略等内容；第七章为学前儿童音乐欣赏活动实践指导，主要内容为音乐欣赏活动概述、音乐欣赏活动的设计和组织指导、学前儿童音乐欣赏能力的发展、音乐欣赏活动中的教学障碍与消解策略等内容；第八章为学前儿童打击乐器演奏活动实践指导，主要内容为打击乐器演奏活动概述、打击乐器演奏活动的设计和组织指导、学前儿童打击乐器演奏能力的发展与培养、打击乐器演奏活动中的教学障碍与消解策略；第九章为学前儿童音乐创造力与教育评价，主要阐述了创造力的产生机制、学前儿童创造力的评价方式以及学前儿童音乐教育评价的内容和方法等。

本书系杭州市哲学社会科学重点研究基地"高等职业教育（陶行知教育思想）研究中心"课题（2019JD66）研究成果。

为了确保研究内容的丰富性和多样性，笔者在写作过程中参考了大量理论与研究文献，在此向涉及的专家学者表示衷心的感谢。但由于笔者水平有限，加之时间仓促，本书难免存在一些疏漏之处，在此，恳请读者朋友批评指正！

目 录

第一章 绪 论 ··· 1
 第一节 音乐与音乐教育 ·· 1
 第二节 学前儿童音乐与学前儿童音乐教育 ················ 9

第二章 音乐教育与学前儿童发展 ································ 25
 第一节 音乐教育与学前儿童的身心发展 ·················· 25
 第二节 音乐教育与学前儿童的音乐能力发展 ············ 36

第三章 世界著名音乐教育体系 ·································· 45
 第一节 达尔克罗兹音乐教育体系 ··························· 45
 第二节 柯达伊音乐教育体系 ································· 52
 第三节 奥尔夫音乐教育体系 ································· 58

第四章 学前儿童音乐教育的课程教学理论与环境创设 ····· 67
 第一节 学前儿童音乐教育课程概论 ························ 67
 第二节 学前儿童音乐教育教学原则 ························ 74
 第三节 学前儿童音乐教育环境创设 ························ 75

第五章 学前儿童歌唱活动实践指导 ···························· 81
 第一节 歌唱活动概述 ·· 81
 第二节 歌唱活动的设计和组织指导 ························ 85
 第三节 学前儿童歌唱能力的发展 ··························· 96
 第四节 歌唱活动中的教学障碍与消解策略 ··············· 101

章　学前儿童韵律活动实践指导 …………………………………… 103
　　第一节　韵律活动的教育内容 ……………………………………… 103
　　第二节　韵律活动的设计和组织指导 ……………………………… 107
　　第三节　学前儿童韵律能力的发展与提升策略 …………………… 116
　　第四节　韵律活动中的教学障碍与消解策略 ……………………… 123

第七章　学前儿童音乐欣赏活动实践指导 …………………………… 129
　　第一节　音乐欣赏活动概述 ………………………………………… 129
　　第二节　音乐欣赏活动的设计和组织指导 ………………………… 133
　　第三节　学前儿童音乐欣赏能力的发展 …………………………… 140
　　第四节　音乐欣赏活动中的教学障碍与消解策略 ………………… 143

第八章　学前儿童打击乐器演奏活动实践指导 ……………………… 147
　　第一节　打击乐器演奏活动概述 …………………………………… 147
　　第二节　打击乐器演奏活动的设计和组织指导 …………………… 153
　　第三节　学前儿童打击乐器演奏能力的发展与培养 ……………… 161
　　第四节　打击乐器演奏活动中的教学障碍与消解策略 …………… 168

第九章　学前儿童音乐创造力与教育评价 …………………………… 173
　　第一节　创造力的产生机制 ………………………………………… 173
　　第二节　学前儿童创造力的评价方式 ……………………………… 177
　　第三节　学前儿童音乐教育评价的内容和方法 …………………… 180

参考文献 …………………………………………………………………… 191

第一章 绪 论

学前儿童喜爱的艺术形式多种多样，音乐就是其中之一。他们通过美妙的音乐感受人类相通的情感，他们通过集体音乐学习促进彼此之间的交流与合作。音乐的活动形式多种多样，如韵律活动、歌唱活动、欣赏活动等。学前儿童在这些音乐活动中可以灵活运用自己的身体，专心倾听，大胆表现，充分调动自己的每一个器官参与这些有意义的活动，从而培养与发展优良品质。

第一节 音乐与音乐教育

一、音乐概述

人类自身的社会实践活动是音乐的起源。在我们早已习以为常的知识体系中，音乐是一种独特的艺术表现形式。人们主要是通过听觉系统来感知它的。所以，音乐又被称为听觉艺术。在古代音乐的基础上，近代音乐进一步分化和融合：一方面"分化"出不同的声乐、器乐、舞蹈的形式和风格；另一方面又"融合"出了戏曲、歌剧、音乐剧、芭蕾舞剧和音乐电影。而这种"融合"发展的趋势，似乎显示出了一种历史的螺旋上升式的"回归"。

需要特别指出的是，现代人类学家也让世界音乐界和教育界关注到了上述的"回归"事实：当今世界的许多文化中，没有我们所理解的单纯以听觉艺术为内涵的"音乐"，在那些文化中，仍旧保持了自然一体的综合状态。而且，人类学家还特别强调指出：不能认为这种"自然一体的状态"，在价值上是低于"高度分化状态"的。因为这种自然一体的状态能够给人们带来完全不同的价值体验。而越来越多的教育和心理学家也开始认识到：这种未分化或者说是不分化的"自然一体的状态"，更接近学前儿童的天性，更有利于他们的学习和成长。

至于音乐与人的关系，哲学上称之为音乐的"本质"，历史上也是争论不断。其中，学术有两种最极端的观点：一种观点是"音乐是对现实生活的模拟"，另一种是"音乐仅仅是音响运动的形式"（与现实生活完全无关）。今天，人们已经日益能够以宽容的态度对待各种学术观点，而且人们已经越来越多地从现实音乐作品和音乐生活中看到能够支持各不同观点的例证事实，从而更加坚定了以下认识：每个人都是生活在现实中的，其思想、情感体系也必然是从现实中建构出来的。如德国音乐理论家舒曼曾经提醒人们思考：如果把莫扎特或贝多芬与世隔绝起来将会怎样？马克思也明确指出：无论艺术现象多么特殊，其根源都可以在现实存在中找出。但更重要的问题是，当这种主观反映变得越来越间接和复杂时，人们是否还能够清醒地认识到它们仍旧是客观现实的主观反映呢？

广义的音乐是一种社会文化实践活动，是人类利用声音现象进行的一种活动，是人类对客观现实生活的一种主观反映。音乐对人类的重大意义表现在以下几点：①通过音乐进行交流；②通过音乐来分享情感、观念；③通过音乐提高人类的生活质量；④运用音乐建立人际关系；⑤通过音乐提高人类的生命质量。由于在当今整个世界范围内，音乐活动内容已经大大扩展与延伸，所以无法用一种精确的限定性语言来定义音乐活动。但可以通过描述现实情况来解决这个问题：音乐活动是通过唱歌、跳舞、奏乐以及各种综合性的表演、欣赏活动来提升生活质量、生命质量的人类社会实践活动。在这段描述中，前半部分是传统意义上人们所理解的与音乐相关的艺术实践活动，后半部分则是人们要达到的教育目的。

二、音乐教育与人格教育

音乐教育是一种社会实践活动。它以音乐活动为手段影响受教育者，使其达到特定的目标。既然音乐是人类对其生活现实的主观反映，那就绝不可能脱离人类对现实生活的价值追求。同样，音乐教育也绝不可能脱离价值观教育。中国古代的乐教思想中就已经存在乐教的终极目标——"成于乐"。我们可以将之理解为音乐教育是促进人的个性全面和谐发展的教育，即人格教育。

人格的核心就是价值观体系。良好的人格也是由健康和谐的价值观体系来主导和保障的。人们在谈论人格和价值观体系时，还不能够脱离三个前提。

第一，人是生物意义上的人。人的价值观体系正确指导人处理与自己身心健康相关的各种问题，是保障自身生物学意义上的健康和谐的前提。

第二，人是社会意义上的人。人的价值观体系正确指导人处理个人与他人、个人与社会关系等相关的各种问题，是保障自身社会学意义上的健康和谐的前提。

第三，人是自然意义上的人。人的价值观体系正确指导人处理个人与环境关系的各种问题，是人自身自然意义上的健康和谐的前提。

音乐教育与人格教育关系密切，并应该承担人格教育的责任，甚至可以说，音乐教育的终极目标就是人格教育。这并不是说，把音乐教育简单地等同于思想品德教育或心理健康教育，也并非要否定、削弱或淡化音乐教育的审美功能，而是强调人格教育的"首先"性。因为音乐实践是一种对人进行整体影响的过程，每时每刻都会让人必须面对"选择"。选择便与"需要"有关，需要又与"趋利避害"有关，利、害判断又与"价值认定标准"有关。因此，音乐的实践是不能够回避价值追求的，也不能回避价值追求教育。这就是音乐教育必须首先是人格教育的理由。尽管专门从事音乐教育工作的人士都不会反对"教书育人"的理念。但这往往只停留在观念层面的一种认可。也许这并非是他们故意而为的"口是心非"，而是因为人的价值体系与现实互动的复杂性。下面通过几个例子来具体解释这一点。

例 1-1

教师对学生说："学好了音乐可以当音乐家，赚好多好多钱！钢琴十级将来考大学可以加分！"

家长对孩子说："学习了音乐将来就会有高雅出众的气质，受人欢迎！"

奶奶对孙子说："瞧，多亏我天天出去和朋友跳舞唱歌，要不然身体哪会这么好呢？走，和奶奶一起去玩玩怎么样？"

琴童对新伙伴说："老师说了，一定要把谱架放回原位才能离开！"

从上例这些关于音乐学习价值的交流中，我们应该可以察觉出：对于前教师和家长来说，似乎金钱、加分、高雅出众更重要；而对于奶奶和琴童来说，显然和谐的身心内部环境以及和谐的生活外部环境的维护更重要。

例 1-2

一位教师对学生说："怎么又是在这里错？你脑子呢？今天没有吃早饭吗？"

另一位教师对学生说："你觉得这里有什么困难吗？让我们一起来想个解决办法好吗？"

从以上这些关于音乐学习困难的交流中，我们可以察觉出：对于前一位教师来说，似乎"不错"更重要；而对于后一位教师来说，显然探究错误发生的原因和寻找解决问题的方法更重要。因为人格心理学的归因理论告诉我们：责任感比能力重要，能力提高比做事不犯错误重要。

例 1-3

一位教师在向幼儿介绍维吾尔族幽默舞蹈"纳尔孜库姆"时，讲述了农民痛恨巴依剥削，因而讽刺巴依儿子"瘸腿走路"的动作起源。

一位农村妇女在向采风者介绍土家族"摆手舞""瘸腿走路"的动作时，首先强调"尽管没有鞋穿，脚总是受伤，但拖着腿走路也可以很快乐"。

对于道教舞蹈中的拖着腿走路的动作，中国古代舞蹈史介绍了大禹治水的传说：有说是大禹积劳成疾仍旧拖着腿坚持劳作；有说神鸟托梦，教了大禹一种拖着腿行进的舞蹈，以引导水流。不管怎样说，这种种关于舞蹈步伐的起源说都显示出了价值自觉力量。

从上例中，我们不难看出：教育者对自身价值观念的反思、监控、调整，是非常重要的事情。我们小的时候通过音乐学习获得的价值观，会不知不觉地积淀在内心深处，成为人格的一部分。当我们成为大人，向幼小儿童传递音乐的信息时，这些价值观又会跟随音乐一起进入儿童幼小的心灵。所以，在这里，必须特别强调：借助音乐的人格教育不仅是音乐教育的首要工作，也是音乐教育的必要工作。对音乐教育工作者来说，价值引导是不可回避的职业责任。教师和家长必须随时检查和不断完善自身的人格品质。

三、音乐教育与儿童发展

音乐是儿童生活、发展必不可少的艺术形式。音乐对儿童的发展起到了积极的促进作用。

曾有学者指出：在艺术教育方面，与美国相比，我国对技巧的训练更为重视，在早期艺术教育中，模仿占据着重要的地位，而只有经过了技巧的培养之后，独创的概念才慢慢显现出来。儿童对相关技巧（如唱歌、跳舞等）的掌握大多是通过模仿获得的，并以自己的模仿对象为标准，力求完美。同时，通过专门的教学，儿童学会了许多关于节奏和音符的知识，有的甚至还能很好地识谱。这种做法好不好呢？从道理上说，音乐这种艺术具有很强的技术性，在音乐教育中，技能的训练也是非常重要的。但是要进行实际的技术训练必须要掌握一定的知识基础。所以，知识的传授和技能的培养在音乐教育中都应当被重视起来。但是，音乐教育的目的并不是知识的传授和技能的培养，而是培养儿童的音乐审美能力，使音乐审美教育的功能发挥出来。知识和技能是儿童审美能力结构中的两个方面，但不是全部内容。如果教师以知识和技能为中心，必然会忽略音乐审美能力及其他方面的培养。过去，人们简单地认为儿童的音乐课程是学习唱歌的课程，人们还没有注意到音乐欣赏的重要性，究其原因是人们将儿童音乐教育的重心全部放在了技能的培养上，而忽视了儿童音乐感受能力的培养。这是错误的。再者，技能技巧和音乐表达能力是两个不同的概念。人们对音乐的正确表达是建立在其对音乐的独特感受的基础上，并借助一定的技能技巧表现出来的。在这里，感受和技巧同样重要，有时甚至更重要。

严格的模仿是严格的技能训练的要求。通过对教师的严格模仿，儿童获得了音乐技能，如此一来，技能的模仿就成了儿童对音乐的表达方式。当音乐只有技巧没有感受时，音乐就没有办法散发出扣人心弦的动人魅力，音乐的审美与创造功能就更加难以发挥出来。如果对儿童进行长时间的枯燥的训练，将会导致儿童对音乐的兴趣与热情慢慢消退甚至丧失。这样的技能训练又有何益处呢？但是从另一个方面来看，不教技能与知识，纯粹以兴趣为中心对不对呢？儿童音乐教育从以技能为中心，到能够尊重儿童的心理特点，重视其兴趣的培养，这从某种程度上来看，应当说是一个进步。兴趣是学习的动力。人们学习音乐的愿望和热情是以人们对音乐的兴趣为基础的。兴趣对儿童来说是极其重要的。但是兴趣不会凭空产生，儿童对音乐的兴趣只能从音乐中获得。在音乐教育活动中，儿童只有真正感受到了音乐的美并掌握了感受音乐美和表达音乐美的能力，才能对音乐真正产生浓厚兴趣，并继续保持下去。

四、音乐教育与审美教育

音乐教育必须追求的价值是"审美教育"。由于当今世界的美学理论已经进入多元价值观念共生共存的时代，因此，人们对什么是美，如何审美，如何进行审美教育的认识也进入一个更复杂、更丰富多彩的新阶段。人们既认可美和审美的跨文化性和超时代性，又承认美和审美有文化局限性和时代局限性；既能够接受美和审美的相对主观性，又能够接受美和审美的相对客观性；既承认审美需要距离，又赞同审美的参与性；既认同审美是一种相对独立的社会实践活动或心理活动，又认同审美实践与认知、道德、生活实践的不可分割性或联系紧密性。

例如，5位不同的世界著名指挥家，指挥5个世界著名乐队，演奏出了风格迥异的5个版本的贝多芬《田园交响曲》。不同的观众（听众）可以认定自己更喜欢的版本，而不会批评其他版本"没有忠于贝多芬的原意"；日本的听众不再批评意大利歌手的演唱太轻浮，意大利听众也不再批评日本歌手的演唱太呆板；中国70岁以上的听众可能更喜欢郭兰英和马玉涛，50岁左右的听众可能更喜欢阎维文和殷秀梅，30～40岁的听众也许更喜欢蔡琴和刘德华，那么20岁以下的听众都知道周杰伦也就很自然了。

又如，非洲人告诉大家，在非洲许多文化中没有"音乐"这个词汇，在那里，唱歌、跳舞、说故事和笑话等活动是一个整体；居住在湖南湘西的苗族人告诉大家，我们的"飞歌"有些音调就是要那样的，不是"走音"！许多特别擅长跳舞的幼儿园教师到南方少数民族地区旅游时，就是没有办法跟上当地人跳的、看似简单的社交舞蹈，是因为对当地的舞蹈语汇不熟悉；音乐专业的大学生去研究土家族的"打溜子"，还没有当地普通儿童掌握得快，是因为太多西方古典音乐的知识技能积累对中国民间传统音乐的学习产生了阻碍作用；西方学院派的一些学者一直坚决反对教师在学校教唱翻译歌曲或重新填词的歌曲，但事实上，《闪烁的小星星》《祝你生日快乐》等都是外文歌曲，《两只老虎》也是一首填词歌曲，且在中国已经传唱了近百年，但没有人觉得有什么审美障碍。

20世纪90年代初，许多音乐家和音乐教育家曾一致强烈反对经典音乐作品的删减版本进入普通学校，认为这是对原作品和作曲家的不尊重。而现在，不仅各种删减版经典音乐作品在学校和幼儿园受到普遍欢迎，而且经典作品的片段或主题还经常出现在电影、广告或手机铃声里，从而让更多的人知道了这些作品，熟悉了这些作品，喜爱上了这些作品。

当今的审美教育，首先早已经超越单一审美标准灌输的狭隘立场，转而进入更关注通过让人了解不同亚文化的审美标准，培养人的文化共生意识的认识发展阶段。当然，在文化、审美价值日益多元化的今天，一些问题也确实需要教育工作者保持警惕：为了成人的狭隘审美标准过度训练幼儿，影响了儿童正常的学习和生活，甚至威胁到了儿童的身心健康；为了迎合所谓的时尚趣味，引导、鼓励甚至要求儿童学习、表演不适合他们的，甚至充满低级趣味的音乐舞蹈作品；为了比赛、选拔或其他宣传目的，长时间占用幼儿的游戏、学习、休息时间进行排练；等等。其实，从本质上来说，这些活动已经离人的审美活动的本质越来越远了。因为，人的审美实践活动是一种主动投入实践的活动，它的主要目的是使自我身心愉悦。

五、音乐教育与智力、创造性学习

在人类开始对音乐与音乐教育现象进行反思和总结以来，关于德育、智育、美育孰重孰轻，谁该在边缘，谁该在中心的争论，就一直没有停止过。强调审美教育、艺术教育中心论或本体论的群体一直坚持认为：音乐教育既然是一个独立的特殊领域，为什么不坚持以自己的特殊知识、技能和价值体系作为教育传递的核心？而强调工具论的群体，又一直坚持认为：音乐教育既然具有培养优良品格和开发智力的作用，那么为什么不把这些作用发挥出来呢？

音乐知识技能的学习过程和艺术实践过程，是无法避开价值问题的；同样，音乐知识技能的学习过程和艺术实践过程，也就无法避开艺术作品、材料、工具和实践情境对学习者提出的各种认知挑战。事实上，在真实情景中，这些因素及其关系就如同人体中的生化刺激反应，是一个不可分割的整体，只有在进行单纯理论分析时，才可能将上述各方面分开。同样，如果我们回避对学习者审美学习的认知规律和认知过程的把握，仅仅在抽象层面谈论审美学习的独特性和独立性的话，就很难避免无效或低效审美学习的问题出现。换句话说便是，缺乏有效审美认知的审美学习既不能达到良好的审美效果，又不能达到促进认知和人格提升的效果。所以，音乐学习首先是提供音乐审美感动和吸引的主动投入学习。同时，音乐学习还必须是在教师提供有效认知支持和反思引导下的自主管理、自我创新学习。

在近30年的音乐教育研究发展历史进程中，音乐教育经历了从完全无视儿童的创造性学习需要和创造性学习能力的阶段；到过高估计儿童的探究创造能力，完全放弃引导支持的阶段；再到目前努力了解不同儿童的最近发展区，尽量提供合适的探究创造空间和必需的引导支持的新阶段。音乐教育也经历了从教师完全控制教学的评价、进程；到教师完全放弃对评价和进程的调控的责任，而将责任完全抛给儿童的阶段；再到目前努力引导帮助儿童逐步学习如何确立学习的目的、标准、程序、方法，如何进行自我评价，以及如何对学习进程提出自己意见的新阶段。如今的进展，让我们真正看到了：儿童学习的主体性智慧完全可以在教师和儿童的共同努力下一步一步地发展起来。

六、音乐教育与生活教育

音乐本是人类为了提高自身的生活质量和生命质量而创造出来的。但在音乐和音乐教育漫长的发展历史当中，由于更多的价值被日益发现，更多的功能被日益开发出来，相当多的人同时也淡忘了音乐最初的功能，即音乐可以让我们的生活更美好。

当下在我国，无论是西南、西北地区的少数民族社交舞蹈，汉民族聚居地区的大秧歌，还是在城镇居民的广场自娱活动中，人们在共同跳舞时都必然表现出以下特征。

①秩序井然。无论场地大小，也无论有多少人参加，跳领袖舞蹈时，参与者都会自觉依照领头人行走的轨迹，变化队形和动作，丝毫不乱；跳邀请舞蹈时，参与者不但会积极配合自己的舞伴，而且会自然地关注其他人的舞蹈空间。

②投入且自得其乐。无论穿着刻意还是随意；无论是否拿着很正式的扇、伞、手帕、花朵、牧鞭等；无论徒手，还是拿着手机、手包甚至一根柳条等；无论表情愉悦还是神情淡定；每个人都是一副"现在就只有这件事情"的样子。

③自然传承。几乎所有现场都有孩子，各个年龄段的孩子都有。他们或被抱着、背着，或被牵着或牵着大人；或跟随在大人的身旁；或与同龄人聚集在一起。无论他们的动作娴熟或生涩，他们都会长时间地跟着跳舞或者充当热情的观众。

④开放。其一，从动作、音乐、道具、队形中都能看得出舞蹈是"与时俱进"的；其二，只要外来者表现出兴趣，就会有人用某种方式来邀请外来者参与，告诉外来者一些入门的窍门，甚至与外来者分享他们对于参与此事的看法。

其实现在人们的音乐生活非常多元，老年人除了跳秧歌以外，还跳"小拉"，打腰鼓；年轻人唱卡拉OK，跳街舞，自己创作、制作歌曲，并将之发表到网络上；学校里有音乐社团，社会上有音乐培训班。但无论对于什么样的音乐生活，首先，人们都要自己愿意投入，自己对投入的结果满意才行。如果投入某种活动不是自愿的，不能收获快乐，也就谈不上什么提高生活质量了。但是，人们还必须警惕这样的说法：并非只要有音乐，就必然有好的音乐教育，儿童就必然会从中学会怎样享受好的音乐生活。因为音乐是复杂的，音乐生活对人的影响是复杂的，音乐教育对儿童的改造作用也是复杂的。如果在对儿童进行音乐教育的过程中，逼迫他们学习，否定他们的努力和微小进步，用物质或其他功利性目标引诱他们，给他们提供或放任他们学习不适合的音乐作品，刺激他们的虚荣心或其他不良心理品质的产生。这些都会实际地威胁到儿童的身心健康发展，降低他们的生活质量和生命质量。

第二节　学前儿童音乐与学前儿童音乐教育

一、学前儿童音乐概述

（一）学前儿童音乐的基本特点

学前儿童所从事的音乐艺术活动就是我们所说的学前儿童音乐，它包括学前儿童对音乐的感受、对音乐的体验、对音乐的表现、对音乐的创造以及对周围世界的认识。具体地说，学前儿童音乐有以下一些基本特点。

1. *愉悦性*

音乐对人类不同情感的表达是通过音乐独有的旋律和语言来实现的。直抵心灵是音乐的神奇之处。音乐艺术本身具有很强的愉悦性，可以打动人的情感世界。音乐给人以愉悦感，音乐是一种美感的享受。它不仅反映了人们的综合心理，而且可以使人们积累大量的审美经验。

一部优秀的音乐作品不会使观众局限于对动听旋律的欣赏，它可以直接带动观众的审美情感，给观众一种新的体验。音乐的愉悦性是指展现在人们面前的令人感兴趣的各种各样的事物、优美的意境使人心情舒畅、精神振奋。列宁在欣赏贝多芬的《热情奏鸣曲》时，感情激动，并认为这是人间奇迹。乐曲所描绘的意境可使学前儿童在倾听音乐时身不由己地陶醉其中，身体也会随着音乐左右摇动，从而产生情感上的共鸣。这是因为儿童天生的好动性在音乐活动中得以释放，从而获得快乐；同时，学前儿童音乐活动除了可以满足学前儿童社会性需要之外，还可以为学前儿童带来愉悦的情绪。这点在学龄前儿童的音乐活动中体现得尤为明显。笔者曾经在幼儿园看到一位教师在幼儿自由活动的时间里随意地在钢琴上弹奏《蜗牛与黄鹂鸟》的乐曲，钢琴声一响，不管幼儿正在干什么，他们都会不约而同地踏着音乐节拍高兴地随着音乐拍手、点头……

2. *感染性*

声音是音乐使用的物质材料。音乐作为一门艺术，其表达情意的工具是声音。音乐的表现力与文学有着天壤之别。在文学中，用于表达思想和概念的工具是语言，注重的是思想和概念的表达，而音乐注重的是人的情感的表现。音乐对学前儿童的心理刺激是其他学科所无法比拟的，直接激发学前儿童的情感，增强学前儿童的感染力。利用儿童音乐的这一特点，教师可以引导儿童在玩中学、乐中学。这便是儿童音乐感染性的体现。

音乐教育是一种审美教育，它具有强大的艺术感染性，它可以将理性化为感性。低级个人情感向高级个人情感的逐步发展是学前儿童发展的重要特点。学前儿童日益增多的社会交往活动、日渐丰富的情感生活，要求满足学前儿童情感发展需要的音乐活动富有情感性。好的音乐教育活动可以让学前儿童产生强烈的情感共鸣，从而激发学前儿童良好的情绪情感，提高学前儿童对音乐的审美能力，净化其心灵，完善其人格。

3. 独特性

每个作曲家对作品内容的表述，每个表演者对作品内容的诠释，每个欣赏者对作品内容的感受和理解都是独特的。对于儿童而言，不同个体面对同一部音乐作品，其听觉感受和心理活动也是各不相同的；不同年龄阶段的儿童面对同一个音乐作品，其认识与体验也是不相同的。这就体现了学前儿童音乐的独特性。儿童的认识与体验受儿童认识发展水平的影响，也受个人情感、个性等发展状况的影响。每个儿童都会自觉或不自觉地进行感知、想象、理解等具有个性化的心理活动。

4. 个体性

音乐不仅是一门听觉艺术，而且是一门极富个性的艺术。音乐能反映儿童的发展水平和个体差异。即使同一首音乐作品由上百个儿童一起倾听，儿童之间也会产生各不相同的心理活动和听觉感受。我们在生活中常常发现儿童会自发地运用音乐自娱自乐。美国的道罗西·麦克唐纳先生曾在《儿童早期音乐教育》一书中详细地描述了3～4岁儿童在自编歌曲、自由即兴创作曲调、自由敲击节奏等方面多种自发创作的个案观察记录。他认为，音乐是儿童生命过程的一部分，是代表其作为一个独立的人、独立的社会成员的内在表达。由此可见，儿童音乐在一定程度上反映着儿童的认知、情感和个性发展的状况。

5. 教育性

音乐艺术的教育作用是潜移默化的。学前儿童能够积极地参与音乐活动的原因之一是学前儿童音乐具有愉悦性和娱乐性。利用这一特点，教师可以引导儿童在玩中学、乐中学。而寓教于愉快的音乐感受和音乐表现活动之中，更能使儿童学有所得。这便是学前儿童音乐教育性的体现。

学前儿童音乐的教育性对学前儿童的影响是间接的。比如，在演唱具有教育意义的儿童歌曲《小乌鸦爱妈妈》时，学前儿童能想象出小乌鸦急忙飞回家，把虫子一口一口喂给妈妈的感人场面，感受到小乌鸦的孝心。因此，他们也会在吃东西时主动与妈妈一起分享："这个好吃，妈妈，您吃。"又如，儿童都很熟悉的儿歌《劳动最光荣》的教育意义正是教育儿童要爱劳动，给儿童以启示：大家都不喜欢不爱劳动的小朋友。另外，学前儿童音乐的教育作用具有较强的深刻性、持久性，可以触动学前儿童的内心情感。例如，儿童歌曲《我的好妈妈》具有教育学前儿童要尊敬长辈的意义。儿童在进行歌曲演唱时会感同身受，深刻体会到成人的辛苦，这时，在他们遇到妈妈或者教师等长辈下班后会真心地道一声"妈妈，妈妈，快坐下。""老师，您辛苦了。"……

（二）学前儿童音乐的美学特性

1. 形式美

与儿童音乐审美特征联系最为紧密的音乐形式美主要体现在音色、节奏、旋律、力度四个方面。

（1）音色

音色又名音品，是指声音的感觉特性。比如，有的人音色嘹亮柔美，有的人音色激昂高亢，有的人音色清脆悦耳，等等。乐器的音色更复杂、丰富，例如，小提琴纤柔灵巧，大提琴深沉淳厚，双簧管优雅纯美，小号高昂嘹亮，等等。在儿童音乐中，作曲家往往通过选用儿童感兴趣的音色，如稚气甜美的童声、清脆活泼的碰铃等来吸引儿童的注意力。法国作曲家圣桑在他的组曲《动物狂欢节》中，运用多种音色生动地描绘了各种动物的形象，其中，他选用粗拙的大提琴音来代表大象音，以突出大象粗壮的体态和沉重的舞步；选用温暖的大提琴音来代表天鹅音，以表现天鹅高贵优雅的气质。

（2）节奏

在音乐中，节奏的价值是无可替代的，它是音乐的基础，也是旋律的骨架。音乐中节奏的变化体现的是时间的变化。节奏对音乐具有重要的作用：①节奏可以增强音乐的生命力；②节奏是音乐发展的力量源泉。一般来说，节奏是指音乐运动中音的长短和强弱。也就是说，节奏的形成是指依据一定的时间规律将不同长短的音组合起来。在自然界和我们的生活中，节奏无处不在，如心跳的节奏、下雨的节奏等。节奏是一种动态的存在形式。音乐中的节奏多种多样，既有轻重与缓急，又有松散与紧凑。儿童音乐作品以规则鲜明的节奏为主。通常情况下，快的节奏容易令人兴奋；而慢的节奏则使人心态平和，情绪稳定。一般来说，快速和中速在学前儿童音乐中是非常常见的类型，因为这些节奏在很大程度上符合儿童的生活经验和情绪情感体验。

（3）旋律

旋律是音乐的基本要素，通常指若干乐音经过艺术构思而形成的有组织、有节奏的序列。也就是说，音乐通过一定的音高变化形成不同的旋律。儿童音乐作品旋律的表现是多种多样的，主要包括以下几种：①下滑式的进行；②平稳式的进行；③弧形的进行；④上升式的进行；⑤以上四种不同组合的进行。不同的思想情感可以通过不同音区的旋律来表达。旋律走向会影响儿童在音乐体验中的情绪状态。例如，《大象走》乐曲旋律主要在低音区，音乐低沉、速度较慢、力度较强，儿童在欣赏时有一种沉重的感觉；而《幸福的花朵》作品旋律主要是在中音区，音乐欢快，速度较快，儿童在哼唱时，有一种轻松愉悦的感觉。

（4）力度

音乐的强弱程度就是力度。在塑造音乐形象的过程中，力度的变化起着非常重要的作用。一般来说，力度强的如进行曲一类的音乐，容易让儿童兴奋、愉悦、充满向往；力度轻柔的如摇篮曲一类的音乐则容易让儿童安静、放松，产生更多的遐想。三岁儿童在感知力度和音区的变化上还有一定的困难，当音乐旋律在高音区进行及低音区进行时，必须在成人指导下，他才知道小鸟飞得轻快，小鸟唱歌声音亮，而大象粗笨声音低沉厚重。四五岁儿童已经能够感知到音乐中明显的力度和速度变化，尤其是对比鲜明的音乐，但是不能感知力度和速度的细微变化。六岁儿童能够初步把握音乐表现手段，能辨认速度、力度及音区的变化。

2. 内涵美

（1）直观具象

学前儿童的思维具有直观性，他们会将注意力更多地投入具体的形象事物中去。风声、雨声、鸟叫声等，都能吸引儿童的极大兴趣。因此，儿童音乐常常通过模仿自然界的声音来暗示某种景物，常常通过音响运动状态来象征某种视觉形象，从而使学前儿童对音乐更加感兴趣。一般情况下，描绘自然景物的作品较多出现在儿童音乐中，如柴可夫斯基的《云雀之歌》就是以写实手法来表现自然音响的一个典型例证，它也是一首适合儿童欣赏的乐曲。该乐曲运用前倚音和波音式三连音，生动刻画了云雀欢快的叫声，音乐清脆悦耳，使人宛如身处大自然之中。儿童音乐往往是通过表现儿童生活情景的活动来塑造儿童形象的。如儿童歌曲《小陀螺》乐曲通过2/4拍的强弱重音，模仿一种重心不平衡的感觉，刻画出陀螺一圈圈地转来转去的感觉。该乐曲节奏和力度的变化将一个儿童无忧无虑地玩陀螺的样子刻画得活灵活现。

（2）纯真稚拙

蕴含在儿童生命、精神中的纯真品格是儿童音乐纯真之美的重要来源。纯真在学前儿童音乐中代表的是学前儿童的本性之美，而艺术的纯真风格也是成人音乐家所重视和向往的。例如，舒曼的《童年情景》是音乐史上一部极为独特的作品。该作品手法简练，刻画的形象生动准确，心理描写逼真，欢快动人，饶有童趣。

（3）泛灵幻想

学前儿童丰富的想象力是由学前儿童生理和心理特点决定的。世界上的万物在学前儿童的思想中都是有生命的，它们有喜怒哀乐。学前儿童难以将现实世界和幻想世界完全地区分开来，以至于他们同时生活在现实世界和幻想世界里。幻想是儿童的一种天赋和本能。凭借着幻想，他们在现实的大世界中，营造着自己的小世界。乐曲《出发》描绘的情景是，一群儿童在寒假坐火车去郊外游玩。在充满幻想的音乐进行中，出发的号角吹响了，火车徐徐开动了，长笛等吹出了一支兴高采烈的曲调，孩子们坐着火车缓缓地离开城市，此时他们的心情是无比激动的，他们坐在火车上欣赏祖国的大好河山。该乐曲丰富的音色渲染了儿童的幻想性、幽默感和童话色彩。

（三）学前儿童音乐的类型

1. 按照体裁分类

体裁是作品的存在形式。儿童音乐根据内容性质、表演的形式、作品风格等，可以分为以下几类。

（1）儿童歌曲

①摇篮曲。一般来说，亲切、安宁的气氛是摇篮曲的音乐形象。摇篮曲的特点很多：音乐形象的主要特点是抚爱、真挚；曲调抒情、静谧；旋律平稳、音域适中；律动整齐；速度缓慢；力度较弱；调式以大调式为主；以女生独唱为主要演出形式。

②数数歌。数数歌是训练儿童数数能力的儿歌，其形象描写具有适合儿童审美心理的特点。它是数学与文学巧妙结合的产物。如传统儿歌《一二三四五》："一二三四五，上山打老虎，老虎没打到，看见小松鼠，松鼠有几只，让我数一数，数来又数去，一二三四五。"

③游戏歌。儿童游戏时吟唱的儿歌就是游戏歌。它伴随着一定的游戏动作，如《找朋友》《丢手绢》等都是游戏歌。这类歌的特点就在于有明显的组织游戏的作用。

④连锁调。它是传统形式的中国童谣。连锁调易唱易记，颇具情趣，从内容到形式都独具特色，深受幼儿喜爱，对培养幼儿的思维和语言能力十分有益。这类儿歌大都没有一以贯之的中心，但节奏韵律感极强。如《动物好朋友》："小山羊，去种树，路上遇见小白兔，小白兔，去插花，路上遇见小青蛙，小青蛙，跳下河，唤来一只大白鹅，大白鹅，游呀游，碰到一只老水牛，老水牛，当领队，叫唤大伙来排队，排好队，向前走，大伙都是好朋友。"又如《做习题》："小调皮，做习题；习题难，画小雁；小雁飞，画乌龟；乌龟爬，画小马；小马跑，画小猫；小猫叫，吓一跳。学文化，怕动脑，看你怎么学得好？"

⑤绕口令。它把一些发音容易混淆的字连缀成有一定意义的短句，是专门用来对儿童的发音进行训练的儿歌。如《七个阿姨来摘果》："一二三四五六七，七六五四三二一。七个阿姨来摘果，七个篮子手中提。七个果子摆七样，苹果、杏、桃、柿子、李子、栗子、梨。"

⑥问答歌。它是一种叙述事物、反映生活的儿歌，它采用的形式有两种：其一，一问一答；其二，连问连答。例如《谁会跑》："谁会爬？虫会爬。虫儿怎么爬？许多脚儿爬呀爬。谁会游？鱼会游。鱼儿怎么游？摇摇尾巴游呀游。谁会跑？马会跑。马儿怎么跑？踢踏踢踏跑呀跑。谁会飞？鸟会飞。鸟儿怎么飞？张开翅膀飞呀飞。"这首儿歌采用的形式是一问一答。又如《什么弯弯》："什么弯弯在天上？什么弯弯在头上？什么弯弯在脸上？什么弯弯在河边？月亮弯弯在天上，牛角弯弯在头上，眉毛弯弯在脸上，柳树弯弯在河边。"这首儿歌则采用了多问多答的形式。问答歌的特点就是有问有答。

⑦颠倒歌。它是指在叙述时有意将事物原本的面貌颠倒过来的儿歌。颠倒歌具有幽默、讽刺的特点。颠倒歌表面上非常荒诞，常常暗示反衬某一事物并揭示其本质，具有一定的哲理性。颠倒歌不仅可以使儿童心情愉悦，还可以训练儿童的辨别能力。如在山东一带广为流传的颠倒歌："东西路，南北走，顶头碰上人咬狗。拾起狗来砸砖头，又被砖头咬了手。老鼠叼着狸猫跑，口袋驮着驴子走。"

⑧字头歌。它是传统儿歌中的一种常见形式。每句最后一字几乎相同，一韵到底，有很强的韵律感。一般多见的有子字歌、头字歌、儿字歌等。如子字歌《好孩子》："小珍珍，卷袖子，帮助妈妈扫屋子，忙得满头汗珠子。擦桌子，擦椅子，拖得地板像镜子，照出一个小孩子。"这首字头歌教育儿童要热爱劳

动,要当妈妈的好帮手。再如儿字歌《小姑娘》:"小姑娘,梳辫儿,辫梢系着红绳儿,风吹翘起辫梢儿,一起一落像鸟儿。小姑娘,留发儿,头发黑黑发光儿,吊起两条红绳儿,一左一右像花儿。小姑娘,扎辫儿,早春三月迎风儿,露出嫩嫩胖脸儿。"字头歌的特点是朗朗上口,句尾的字是一样的。

⑨谜语歌。谜语歌是一种智力游戏,它的语言准确生动、描述简单有趣,同时,具有趣味性、有益性的特点。谜语歌对儿童的发展意义重大:对儿童进行知识教育;促进儿童语言的发展;促进儿童判断能力的发展;促进儿童分析、综合能力的发展;提高儿童的联想能力、想象能力;促进儿童推理能力的发展;提高儿童的记忆能力。如谜底为"不倒翁"的谜语歌:"一个老头,不跑不走;请他睡觉,他就摇头。"

(2)儿童器乐曲

一般来说,儿童器乐曲主要可分为两类。一类是适合儿童演奏的器乐作品,是指为提高儿童演奏技术而由作曲家专门创作的作品。这类乐曲旋律优美动听,形象生动,富有趣味,以适合儿童的演奏技术和审美心理为目的。另一类是适合儿童欣赏的器乐曲。除上述这些音乐作品外,各国音乐家专门为学前儿童写了很多优秀的器乐曲作品。由于这些乐曲的技术难度相对较高,所以只适用于儿童欣赏。

(3)儿童歌舞剧

①随着学校音乐教育的成熟,儿童歌剧开始出现在大众的视野并逐渐发展了起来。活泼好动是儿童的天性,结合儿童的特点,儿童歌剧具有以下特点:结构简单;动作性突出;情节生动、故事性强。

②儿童舞剧一般以一个适宜儿童的故事为背景,根据故事配合音乐,安排不同的角色,通过舞蹈表演的方式来展现剧情。

③儿童歌舞剧是供儿童表演,以诗歌、音乐和舞蹈为主要表现手段的儿童戏剧。题材大都反映儿童生活,多采用童话体,歌词简明、浅显,音乐通俗、流畅,舞蹈语言活泼、生动,是儿童较为喜爱的戏剧形式之一。

(4)交响童话

交响童话用交响乐的形式讲述一个童话,其实是一种与交响诗类似的音乐体裁,只是它的内容是童话。《彼得与狼》是苏联作曲家普罗柯菲耶夫为儿童写的一部交响童话,该作品音乐形象鲜明生动、音乐内容通俗易解,蕴含着深刻的教育意义。《彼得与狼》这部交响童话主要讲述了少先队员彼得勇敢机智地战胜恶狼的故事。其故事情节大致如下。少先队员彼得打开后门来到草地上与他朋友小鸟一起玩耍,这时家中的小鸭也溜了出来在池塘嬉游,小鸟看见小鸭子后，便飞到它的身边对它揶揄了一番并引发了它们之间的一场争吵。见此情景，小猫想要乘机捕捉小鸟，但是彼得拦住了小猫。之后，爷爷非常生气地走了过来，吓唬他们说狼来了，然后带着彼得一起回了家。不久，狼真的来了，它张大嘴巴一下子吃掉了小鸭，看到小鸟和小猫后，狼又企图躲在树后捉住他们。这一情景被正在家中的彼得看到后，它全然不顾个人安危，通过小鸟的帮助将狼尾巴拴在了树上。最后，爷爷和猎人赶来了，把狼抓进了动物园。通过这个故事，作曲家向大家揭示了这样的一个道理：要想战胜强大的敌人，我们就要团结一致，敢于斗争。作曲家以各种形象性的"主导动机"来刻画故事中的人物、动物和事物，这些动机分别采用了弦乐、长笛、双簧管、单簧管、大管、圆号、定音鼓和大鼓等具有不同音色的固定乐器来表现，具有很强的艺术感染力和表现力，因而成为交响童话的典范。

2. 按照题材分类

在儿童音乐作品中，常见的题材有以下几类。

（1）游戏题材

对于儿童来说，玩耍是他们的天性，音乐是"有趣"的"游戏"的一部分。儿童把音乐与游戏看作一个整体，通过自身的感受，将声音与身体反应整合在一起。游戏题材的儿童音乐作品数量繁多，也是深受儿童喜爱的音乐题材之一。例如，舒曼的钢琴组曲《童年情景》是钢琴艺术史上一部独特的作品。这部组曲由十三首钢琴小曲组成，每一首都用一个个性鲜明的音乐形象来反映儿童生活的一个方面。其中，曲三《捉迷藏》乐曲短小轻快，用顿音奏出的快速十六分音符，像旋风一样上下行走，把人们一下子引入既紧张又欢乐的气氛之中，表现了儿童活泼、好动的天性与旺盛的精力。这首乐曲是组曲中最富有诙谐性的。曲九《竹马游戏》的三拍子、连续的切分音、连续的休止起音、连续的弱拍重音，是这首乐曲的独特之处。该曲用同一节奏型与同一力度连续组成的韵律，给人一种很有规律的动荡感，可以感觉到孩子们以竹当马，骑在上面或一同跃起，或一上一下的顽皮有趣劲儿。又如比才的管弦乐组曲《儿童游戏》，音乐紧凑简洁，想象力丰富。乐曲描述的是儿童喜欢玩的秋千、木马、布娃娃、小鼓、跳房子、过家家等地道的儿童游戏。它真实地再现了儿童游戏的乐趣，用音乐的方式揭示了玩耍的真谛。

（2）生活题材

儿童的生活世界多姿多彩、五彩缤纷，许多音乐家以儿童的家庭生活和学校生活为题材，捕捉儿童的生活场景，写出了许多脍炙人口的作品。例如，舒曼的《少年曲集》中的许多曲目都是与舒曼家庭生活中的情景相关的。法国作曲家德彪西的《儿童乐园》是为其5岁的小女儿写的。这部《儿童乐园》共包括6首小曲，其中，《小象催眠曲》表现了手抱大象玩具的孩子入眠的过程；《洋娃娃小夜曲》展现的是孩子对着洋娃娃天真歌唱的场景；《雪花飞舞》描写了雪花飘飘，孩子们寂寞的心态；《小牧童》描写的是玩具人吹奏只有笔尖那么小的角笛的场景；《木偶的步态舞》则描写的是一个滑稽的黑人小木偶在跳舞的场景。每一个场景都来源于孩子的现实生活。还有一些我们熟悉的音乐作品，都因为贴近儿童生活经验而深受儿童的喜爱。

（3）童话题材

童话是文学体裁中的一种，主要面向儿童，是具有浓厚幻想色彩的虚构故事作品。它通过丰富的想象、幻想、夸张、象征等手段来塑造形象，反映生活。学前儿童音乐中含有大量的童话寓言题材的作品。这些内容和特点最符合学前儿童的年龄和心理特点，所以童话在音乐教学中受到儿童的普遍欢迎。

（4）大自然题材

庄子曾说："天地有大美。"这句话是对大自然是美的源泉的肯定。无数的音乐教育资源蕴藏在大自然中："稻花香里说丰年，听取蛙声一片"的蛙鸣声，以及"泉水激石，泠泠作响；好鸟相鸣，嘤嘤成韵"中的泉水、飞鸟等大自然题材在儿童音乐作品中历来受到孩子们的喜爱。法国作曲家圣桑的《动物狂欢节》、普罗柯菲耶夫的《彼得与狼》等，都是世界著名的童话题材的音乐作品。此外，柴可夫斯基《胡桃夹子组曲》的最后一组《花之舞曲》、柴可夫斯基《儿童曲集》中的《冬晨》等，也是脍炙人口的描绘大自然的作品。

二、学前儿童音乐教育概述

（一）学前儿童音乐教育的特征

1. 形象性与感染性

音乐教育的形象性不仅体现在儿童音乐教育内容的选择上，而且体现在音乐教材的选择上。音乐教育的情感性建立在对儿童个体主体性、差异性的重视和尊重之上，它能调动儿童多方面的丰富情感，表现为激昂、欢快、抒情、悲伤、轻柔等。儿童的情感体验随着儿童接触越来越多的音乐作品而逐渐丰富。音乐教育活动所具有的感染性则可以对儿童的情感发展起到促进作用、陶冶儿童高尚的情操及丰富幼儿的情绪体验。

2. 趣味性与游戏性

快乐是学前儿童参加所有活动的准则，而音乐活动受到儿童喜爱的重要原因之一是学前儿童音乐具有游戏性和趣味性。

（1）内容上的趣味性与游戏性

除了音乐游戏方面能够体现学前儿童音乐教育的趣味性和游戏性以外，其他方面如音乐欣赏、歌唱、打击乐器、韵律活动等的趣味性的特点也十分突出。近几年，增强音乐教育内容的游戏性随着不断深入的学前儿童音乐教育科研活动逐渐演变为音乐教育工作者的自觉行动。游戏化倾向在音乐欣赏活动领域中也日益明显。例如，音乐欣赏活动主要以游戏的手段借助想象和联想，调动儿童多种感官全面、立体感受音乐作品的"感情"。此外，民间童谣、猜谜歌、打花巴掌歌等，都饶有趣味，广受幼小儿童的喜爱。韵律活动的游戏性特点体现为，儿童的肢体运动和音乐律动相结合，并随律动的快慢、强弱做出相应变化，符合儿童活泼好动的心理特点。打击乐器本身就可以成为儿童游戏的媒介。通过与乐器的互动来感知音乐的节奏也是儿童乐此不疲的活动。总之，在音乐教育的趣味活动中，学前儿童既增强了动作的协调性，又获得了愉快的情绪情感体验。

（2）形式上的趣味性与游戏性

①灵活性和自由性是学前儿童音乐教学组织形式的主要特点。如歌唱活动可以是独唱、对唱、齐唱、表演唱等。

②在教学活动中，儿童的自主选择机会更多。例如，在韵律活动和游戏活动中，学前儿童可以自由选择空间位置。

③灵活性和多变性是学前儿童与教师关系的主要特点。教师可以用各种不同的身份来指导组织学前儿童活动。学前儿童也可以有机会以组织、领导者的身份来带领其他学前儿童共同活动。

（3）方法上的趣味性与游戏性

学前儿童音乐本身具有感情色彩丰富、节奏分明、旋律优美的特点，因而趣味性和游戏性的特点普遍体现在学前儿童音乐教育活动方法上。与此同时，学前儿童又具有活泼好动、以具体形象性思维为主等特点，学前儿童对于具有趣味性和游戏性的音乐教育活动更加感兴趣。所以，在音乐教育活动中，教师可以进行角色扮演，激发儿童的兴趣，如创设游戏化的情境，通过丰富的肢体语言、有趣的讲解等使儿童在音乐活动中充分感受音乐的魅力。

3. 技能性与综合性

学前儿童音乐教育的技能性特点使其显著区别于其他学科教育。综合性的音乐教育活动是帮助儿童进入音乐天地的另一个重要条件。儿童认知世界的综合性、笼统性、整体性决定了学前儿童音乐教育的综合性特征。音乐教育的综合性就是指音乐教育应该是整体的、综合的。它表现为音乐教育形式的综合、内容的综合、过程的综合、目的的综合。

（1）形式上的综合性

早期的音乐活动在形式上是歌、舞、乐三位一体的。对于学前儿童来说，他们对于音乐最直接的反应便是"手舞足蹈"。人类对音乐这种最原始、最本能的反应就体现在学前儿童身上。儿童的年龄越小就越喜爱这种初始的综合音乐活动形式。只有他们表现出手舞足蹈、又唱又跳的时候，他们才真正感受到了快乐。

（2）过程上的综合性

对学前儿童来说，过程的综合体现在其"自发性的音乐活动"上。随着音乐律动，他们可以全身心地投入感受美、表现美和创造美的活动中。儿童这种"全身心投入"表现的正是音乐教育过程的综合性。儿童对音乐的主体能动性的培养是早期音乐教育的主要任务，即让儿童感受到音乐带给他们的各方面的影响，让儿童以自身的节奏和方式全面、立体感知音乐带来的各方面的影响，从而充分享受音乐。

（3）方法上的综合性

讲解法、练习法、探索法等都是学前儿童音乐教育中被普遍应用的方法。教育工作者根据儿童音乐学科本身的特点、儿童感知音乐的特点、儿童感知音乐的规律以及学前儿童的理解，并结合教育经验，总结了许多具有不同教育功效的方法。在学前儿童音乐教育的实践中，这些方法相互融合、相互渗透，不是孤立存在的，它们共同促进儿童在情感认知、个性及社会性方面的整体和谐发展。

（4）内容上的综合性

学前儿童对世界的认知是综合的、未分化的。艺术源于生活，音乐艺术作品包含了生活经验、情感体验和思想认识等多方面的内容。同样，学前儿童音乐教育的内容也是多种多样的，包括：基础知识方面的内容，如数字歌、常识歌等；技能方面的内容，如韵律活动中的小跑、跑跳步等；情感方面的内容，如表达对他人之爱的《小乌鸦爱妈妈》《我爱我的幼儿园》等；表达对大自然热爱的乐曲，如《小树叶》《小雨沙沙》等。学前儿童音乐教育内容的综合性最突出的一点是，音乐活动不局限于对幼儿基础知识的教育，而是旨在调动幼儿多方面的智能，包含了多方面的教育内容。

（5）目标上的综合性

早期的音乐活动在目标上是未分化的，它既"娱己"又"娱人"，而且"娱己"先于"娱人"。例如，儿童会把同伴当作音乐分享的对象，还会自愿地在他人面前表演来达到"娱人"的目的。对学前儿童来说，首先，音乐活动能够为其带来某种情感体验，"生动活泼"是学前儿童音乐学习的特殊需要，违背这一点就不能真正调动学前儿童的积极性和主动性。其次，音乐和教育双重目的的综合形成了学前儿童音乐教育的目的。由于音乐是人类对生活现实的主观反映，人们对价值的追求在一定程度上也反映为音乐教育的价值追求。教育的目的在于培养儿童成为全面、健康与和谐发展的人。这也就是说，学前儿童音乐教育的目的是让幼儿通过音乐获得健全发展的人格。

（二）学前儿童音乐教育的价值取向

音乐不仅能够促进儿童运动、认知、语言、道德等方面的发展，而且能够使他们从音乐教育中学会多种知识和技能。基于此，学前儿童音乐教育的价值取向分为以下两种：一是音乐本位的价值取向，二是教育本位的价值取向。

1. 音乐本位的价值取向

音乐本位的价值取向主张教师在培养音乐潜能和教导儿童学习音乐基本知识和技能时要遵循三方面内容：①儿童音乐学习规律；②以全面发展教育为中心；③儿童音乐心理发展特点。音乐启蒙的主要价值是使儿童主动获得音乐体验、积极地感知音乐从而顺应儿童天性的发展。由此可见，该价值取向重视音乐的本位功能，重点强调音乐的本质特征。

2. 教育本位的价值取向

教育本位的价值取向是从"工具价值观"或"外在价值观"的哲学角度，以音乐本身具有的强烈的感染力来影响和教育儿童的。该价值取向强调通过音乐教育不仅可以陶冶情操，还可以促进儿童感知、观察、记忆、想象等方面的发展，以及促进儿童动作协调和良好个性的养成等。学前儿童通过参与音乐活动，能够喜爱音乐，善于学习，养成良好的共同学习的习惯。在音乐教育过程中，学前儿童的感知觉能力、记忆能力、想象力、思维能力等进一步发展，例如，学前儿童在音乐活动中能够发现并提出问题，并学会表达清楚自己的思路和认识，尝试在学习过程中主动探寻解决问题的途径。在学前儿童情感发展的过程中，音乐发挥着重要的作用。学前儿童在音乐活动中可以获得大量人际交往的机会，在音乐活动中学会理解、尊重、接纳和欣赏他人。

（三）学前儿童音乐教育的理论基础

0～6岁的学龄前儿童是学前儿童音乐教育的对象。针对这一阶段儿童心理发展特点，音乐教育的内容、形式等都应符合其身心发展规律。音乐教育主要应做到：第一，音乐教育的内容应符合儿童的"最近发展区"，在难度上应循序渐进；第二，音乐教育的设计应符合儿童的思维发展特点，方式上灵活多样，具有针对性。

1. 心理学基础

（1）认知发展心理学

皮亚杰的认知发展心理学为认知主义的典型代表，皮亚杰将儿童认知发展的过程分为4个阶段。

①第一阶段，感觉运动阶段（0～2岁）。在此阶段，儿童是通过感知觉以与周围环境相互作用的方式发展认知的。即儿童通过视、听、触觉主动与环境相互作用，来获得"第一手"的经验。儿童在与周围环境互动过程中，主要通过动作的方式探索和理解简单的事物关系，从而通过自己的方式去感知世界。

②第二阶段，前运算阶段（2～7岁）。在此阶段，儿童的思维能力有了一定的发展，儿童开始逐渐学会运用表象、想象思维认识周围世界，但其水平还是有限的，仍需借助感知觉。对于此阶段的儿童来说，音乐教育应当充分调动和运用儿童的视、听、触觉。音乐活动设计应避免同时讲解多种抽象概念，应让儿童集中于某个特定的音乐元素，让其运用多种感官理解音乐。

③第三阶段，具体运算阶段（7～11、12岁）。在这一阶段，活动是由一种内化了的或心理的动作组成。这种活动可以促进儿童的逆转思维的发展。但思维的转变是与儿童实际看得到的实物联系在一起的。

④第四阶段，形式运算阶段（11、12～14、15岁）。此阶段儿童的思维基本达到成人的水平，其思维活动可以超出具体的、感知的事物，可运用演绎、归纳等方式解决抽象的问题。皮亚杰的认知发展理论作为儿童音乐教育的重要心理学基础，其理论精华：儿童是活动的主体，应尊重儿童的主体性，充分发挥动作在音乐活动中的作用，从而使儿童通过主动与音乐的互动获得认知结构的发展。

（2）行为主义心理学

行为主义心理学认为，人类的学习是环境刺激与某种行为反应之间建立联系及发展的过程，代表人物有斯金纳、华生等。行为主义心理学强调环境及外界刺激的重要性，其代表人物之一的华生曾有过著名的论断："给我一打健康的婴儿，一个由我支配的特殊环境，让我在这个环境里养育他们，我可担保，任意选择一个，不论他父母的才干、倾向、爱好如何，他父母的职业及种族如何，我都可以按照我的意愿把他们训练成为任何一种人物——医生、律师、艺术家、大商人，甚至乞丐或强盗。"在此暂不评论此论断的夸张程度，但有相关研究表明，从小接受丰富音乐刺激的儿童与较少接受音乐刺激儿童相比表现出更强的音乐能力。另外，良好的音乐环境刺激对儿童音乐能力的获得更具有重大意义，从而净化人的心灵、陶冶人的情操。

（3）精神分析心理学

精神分析心理学的代表人物有弗洛伊德、安娜·弗洛伊德、荣格等。以弗洛伊德为例，他强调人的本能和无意识因素在行为中的作用，他重视人格的研究。埃里克森在弗洛伊德研究的基础上进行了延伸，他将人的发展分为8个不同的阶段，其中每个阶段需要完成的任务各不相同。如果不能完成此阶段任务，就会影响人一生的发展。因此，对学前儿童来说，最主要的是获得自主感和主动感。学前儿童音乐教育的目的之一是让儿童主动地获得音乐体验，获得高尚人格的发展。音乐教育与人格发展联系密切，在一定程度上甚至可以说，音乐教育的最终目标是人格教育。

（4）人本主义心理学

人本主义心理学认为，人有自我的纯主观意识，有自我实现的需要，因而重视人自身的价值，提倡充分发挥人的潜能。其代表人物有马斯洛、罗杰斯等。马斯洛曾说："音乐家必须创造音乐；美术家必须作画；诗人必须写诗。如果他们要取得最终的心理平衡，他们就必须如此。"音乐是人自我实现所追求的一部分。人本主义心理学强调人的自我实现。游戏、音乐活动都是儿童喜爱的活动。其原因在于儿童可以从这类活动中获得快乐。而快乐源自自我实现需求的满足，同伴、教师的接纳，等等。

2. 教育学基础

（1）卢梭的自然主义思想

卢梭被称为"发现儿童的第一人"。他主张教育要遵循儿童的自然本性，培养身心和谐发展的人，实施自然教育，强调"顺应自然"的教育原则及随着儿童天性的发展而发展的教育观，反对以压制性、灌输性的方式使儿童被动接受知识。从音乐最初的表现形式来看，它是人类在生产发展中自然而然产生的。因此，顺应儿童自然生长的教育方式理应使儿童在活动、生活经验中接受教育。音乐之所以是学前儿童喜爱的活动，是因为音乐能够带给儿童愉悦的感受。这种本能的、自觉的主体性经验是儿童天性的表现之一。我们常见的幼小儿童自发的音乐活动或者随意律动就表明了音乐是体现人类本能需要的一种活动形式。

（2）加德纳的多元智能理论

加德纳在长期分析人脑和人脑对教育的影响的基础上提出了人的九大智能。九种智能体现了体、智、德、美等方面的全面的学习和发展。学前儿童音乐教育特征的综合性体现出对人的智能全面发展的尊重。学前儿童音乐教育以促进儿童全面的发展为目标。

（3）蒙台梭利的"生命的法则"

蒙台梭利认为，教育的目的是发现儿童的"生命的法则"，帮助儿童发展。处于不同年龄阶段的儿童对事物有不同的敏感度，因而她又提出了"敏感期"。她认为：教育的基本原则是使儿童获得自由，使儿童的自然天性得到释放，但自由是以很强的秩序来约束的，因而培养儿童的秩序感尤为重要；教育的基本内容可以分为肌肉练习、日常生活训练、感知训练等。学前儿童音乐教育以儿童喜爱的形式开展教育活动，并通过音乐促使儿童全面发展和良好人格的养成。大量的科学研究已经证明，早期儿童处于多种能力发展的敏感期，早期受到良好音乐环境刺激的儿童比缺少音乐经验的儿童有更强的音乐感知能力；音乐可以促使个体大脑协调发展，从而获得更大的成功。此外，音乐教育本身就是提高儿童感知能力的一种重要形式。我们在幼儿园实践中经常可以见到教师运用音乐刺激幼儿的感知觉，并且建立起音乐与相应的秩序感之间的联系，如用音乐提示孩子们喝水、坐好、安静等。

（4）杜威的进步主义思想

杜威的主要观点有"教育即生长""教育即生活""教育即经验的改造"。他认为人与环境相互作用的结果就形成了"经验"。他认为，"存在即被经验"，没有人的兴趣和愿望构成的主观经验就谈不上客观世界的存在。他的教育原则是"儿童中心论"和"做中学"。学前儿童音乐教育旨在让儿童获得音乐的体验而非音乐知识的学习和技能训练；让儿童对音乐产生兴趣，从而获得主体性的发展；让儿童主体在操作、行动中获得对音乐的全面感知。

（5）维果茨基的"最近发展区"

维果茨基认为，成熟不是儿童发展的唯一决定因素。他认为，儿童的发展水平至少有两个：一个是现有的发展水平；另一个是潜在的发展水平。前者指的是学生对教师提出的智力任务可以独立自如地完成；后者指的是儿童单纯依靠自身的能力无法完成教师提出的智力任务，但是在有能力的人（如教师、家长等）的指导下可以完成。现有的发展水平与潜在的发展水平之间的差距就是"最近发展区"。维果茨基主张"教学应当走在发展的前面"，好的教学活动可以不断提高儿童的智力水平。儿童学习品质的发展需要音乐教育的促进作用，如儿童的兴趣、主动性、好奇心、想象力等可以在音乐活动过程中得到发展。而发展的前提是，儿童音乐教育内容的难度应是适宜的，应是儿童付出努力可以学会的。儿童心理机能间的矛盾是由儿童的现有水平与潜在水平之间的冲突引起的，并对儿童的发展具有推动作用。所以，学前儿童音乐教育的内容应既是幼儿所熟悉和常见的，又应在音乐表现、音乐技巧方面有所要求。

学前儿童音乐教育的教育学基础为音乐教育的展开提供了深厚的理论基础，音乐教育的目标、内容、实施和评价都受不同教育思想的影响，从而会体现出不同的音乐教育风格。

第二章　音乐教育与学前儿童发展

音乐教育已经经历了一段漫长的发展史，这段历史充分地说明了一点：无论是从宏观的角度来看，还是从微观的角度来看，在人们有意识地不断努力追求的基础上，人们能够推动自己更好地了解和掌握音乐教育的目标、途径、效果之间的一致性，从而促进音乐教育的发展。

第一节　音乐教育与学前儿童的身心发展

一、音乐教育与学前儿童的身体发展

（一）促进大脑发展

1. 促进大脑两半球机能的发展

人的大脑分为左半球和右半球，中间的联系主要是由神经纤维组成的胼胝建立起来的。这些神经纤维有2亿多条。信息在左右半脑间相互传递，共同起到对人的活动进行调节的作用。现代脑科学家进行了大量实验，研究结果表明：大脑的左右两个半球的分工不同，各自有各自的功能，不能一概而论。左右半球分别掌管着人的分析性思维活动和综合性思维活动。

虽然大脑两半球的功能不尽相同，但它们也不是完全割裂、互不联系的，为了更好地发挥大脑的整体功能，两半球机能必定要一起得到高度的发展且协调好相互关系、共同活动。但是，传统的教育方法只重视语言学习、抽象思维能力训练等，完全忽视了音乐、美术等学习形式及活动领域，最终导致儿童的右脑没有得到充分的发展，从而使得大脑的工作能力没能充分发挥出来。

2. 促进大脑皮层重要中枢的发展

音乐活动有着分析、抽象和整体理解加工的功能，以及锻炼和促进大脑机

能发展的功能，对儿童的左右脑机能的共同发展起到了很好的促进作用，进而使儿童的大脑协同运作能力充分发挥出来。因此，幼儿园良好的音乐实践活动，可以推动大脑左右半球协调发展，进而提高大脑整体工作能力。

虽然上述内容仅是基于现阶段脑科学领域的相关研究结果所得到的推论，但是有一点是完全没有异议的：丰富多样的活动和全面具体的训练对大脑的发展具有重要意义，不仅为大脑各部分更加积极地活动提供机会，而且能使各个中枢都得到发展。处于学前阶段的儿童，其大脑的生长发育速度是最快的，在这一阶段中，大脑如果有机会使各部分积极地活动起来，那么其发展将更好、更协调。由于音乐教育可以促进大脑功能的全面开发，所以必须要高度重视音乐教育的发展。这样才可以奠定一个坚实、稳固的物质基础来推动儿童的心理发展。

（二）提高运动能力

学前儿童的身体发展十分迅速。因此，对于这一时期的儿童，教师和家长要格外重视运动的作用。由于音乐教育活动与身体运动有着紧密的联系，所以音乐教育自然而然地就具有了一种特殊的作用。

在对学前儿童进行音乐教育的过程中，完全脱离身体运动的音乐学习只占极少部分。各种各样的音乐活动，包括动作表演活动和乐器演奏活动，都是伴随着音乐进行的，不仅可以使儿童身体各个相应部分的大小肌肉、骨骼和韧带得到锻炼，而且可以使神经系统反应的速度和协调能力以及心肺等器官的耐受力得到有效增强。如果一个儿童经常参加韵律活动，那么他极可能拥有健美的体形、良好的姿态。对于那些时常参加歌唱活动的儿童，他们的发声器官、共鸣器官和呼吸器官能够更好地发育。所以，教育者应该更加重视音乐教育的重要作用，有意识地进行一些音乐活动，从而推动学前儿童的身体发展和身体运动能力的发展。

此外，不同音乐的旋律、节奏和速度也是有差异的。并且这些音乐中的"万千变化"可以使儿童用身体动作来对音乐情绪进行亲身感受，如自由的摆动、走动或跳跃等。儿童以这些身体动作来完成对合拍动作的创造，唤醒本能，从而增强节奏感、身心和谐感与动作协调性，进一步获得敏锐的听觉和丰富的情感，变得更加的活泼、充满活力。除此之外，儿童多参加一些音乐方面的群体活动可以使其空间方位感得到更好的发展，如音乐游戏、舞蹈等。这些活动有利于儿童在活动中更好地感受和体会音乐节奏的魅力，促进其动作协调发展。

（三）促进身体健康

身体同时受到身体活动和心理活动两个因素的影响，二者缺一不可。一系列的生理变化总会伴随着情绪变化而出现。这一说法已经被现代生理、心理学方面的研究结果所证实。例如，当情绪发生变化时，肌肉、血管、内脏及内分泌器官的机能也会发生相应的变化。科学的发展使得定量分析人的生理反应成为可能。研究者通过一定的仪器就可以知道不同的音乐所对应的生理刺激反应分别是怎样的。并且，在慢性病治疗、身心康复治疗等领域，这些研究成果也被逐渐应用其中，且有一定成效。由此可见，利用音乐对情绪进行调节，进而使人的生理状态得到调整，是十分有可能实现的。通过这种方法可以有效地保持和促进人的身体健康。

优美悦耳的音乐能使人放松和镇静下来，令人心旷神怡。有关医学研究证明，对于一个处在愉快情绪中的人来说，一种对健康有利的物质会在他的血液中产生。这种物质在增强新陈代谢、促进消化、解除疲劳等方面都起到了很大的作用。与此同时，音乐对大脑右半球的活化也具有重大意义。那些动听悦耳的音乐可以对体内的状态起到一定的调节作用。在春秋战国时期，我国就已经对音乐在生理方面的神奇功效有一定的认识了。在历史发展的过程中，音乐从一种养生、怡情的手段逐渐发展成一种诊病治病的手段。

科学的音乐教育活动会给学前儿童提供更多的机会，以此使其获得更多的积极情绪体验。例如：在音乐活动中，学前儿童可以发展亲密的人际关系，有更多的机会进行自由的想象和表现，从而使其实现自我价值等需求得到满足。这些内部需要的满足可以直接引发学前儿童的积极情绪体验，从而有效地保证学前儿童心理健康发展，同时也能更好地保持、促进身体健康。所以，教育者在教学过程中，应十分注重音乐的教育作用，使学前儿童的生理和心理都得到和谐的发展，健康水平得到有效提高，进而推动其全面发展。

二、音乐教育与学前儿童的语言发展

其实，音乐在本质上就是一种语言。而最好的语言能力训练就是"说"，即让儿童把听到的讲出来。匈牙利音乐教育学家柯达伊提倡让儿童保持一种轻松自然的状态。在这种状态下，教师应让儿童倾听一些古典名曲，并跟随着节奏和音调的变化进行讲解，一直到曲子结束；然后，要求这些儿童跟着音乐自己独立讲解一遍。这种方法不仅使儿童的音乐能力得到提升，而且使其语言能力也得到了很好的发展。

除此之外，音乐教育对学前儿童语言发展的促进作用是显而易见的。优秀的音乐作品中往往会有很多艺术性语言存在。很多时候，一首好的歌曲等同于一首好的诗歌。唱诵歌曲的方式，不仅对儿童积累词汇有所帮助，而且也会使儿童对文学语言的理解和运用能力得到进一步提升。

语言学习同时也是一种听辨、记忆、再现声音符号的学习。在儿童学习唱歌时，若教师对其咬字、吐字的正确性有严格要求的话，那么儿童就很容易养成吐字清晰、发音准确的语言表达习惯。除此之外，与口头语言相比，音乐具有与之相同的特点，即有一定的表情因素，包括高低、强弱、快慢、音色变化等。教师在教学活动中可以有意识地使学前儿童对这些表情因素有一个深入的了解和认识，从而使其口语表达能力得以提升和发展。

有关研究表明：有些学前儿童是存在语言缺陷的，对于他们来说，在日常生活中加强音乐刺激就显得十分必要了。音乐和语言相同，二者同样具有一定的节奏、句子、重音、重复、韵律以及音调起伏等。经常听音乐会对学前儿童会产生积极的影响，不仅有利于培养儿童的听觉敏感性，而且对存在缺陷的儿童克服语言障碍也是大有裨益的。

三、音乐教育与学前儿童的认知发展

作为抽象的艺术，音乐需要被感知、记忆和概念化，从而有效促进儿童认知能力的发展。布鲁纳认为，儿童在环境中进行理解和处理信息的方式可以总结为三种：一是通过活动和操作；二是通过组织感觉（听觉、动觉和视觉）和想象；三是通过词和符号。在进行音乐活动的过程中，儿童能够得到更多的机会去使用这三种认知方式。

（一）促进感知能力的发展

音乐是一种听觉的艺术。在音乐活动中，儿童主要使用听觉器官。而听觉感知是音乐认识活动的基础。所以，在促进儿童认知发展方面，音乐教育起到了异常重要的作用，而最先得到发展和提高的便是儿童的听觉感知能力。

人类长期自觉地使用听觉器官使其得到了高度的发展。和有声语言相比，音乐在促进人类听觉发展方面起到了相同的作用。相较于视觉，儿童的听觉总会更快地发展起来，尤其是在学前阶段，发展速度更快。

一项针对成年专业音乐家所做的调查研究表明：人们开始接受音乐教育的年龄越小，就越容易获得绝对音高感。这一项研究充分证明了后天的教育因素在听觉能力发展方面发挥着重要作用。

苏联心理学家列昂节夫做了这样一个实验：他找来一些看起来似乎缺乏音乐才能的儿童，针对他们的特点采取一种特殊的训练方法，结果他们的音乐听觉能力得到了提高。由此看来，为了提高学前儿童对声音的听辨能力，教育者应该给他们提供更多参与音乐活动的机会，并鼓励和支持他们积极主动地参与，而且在活动进行的过程中要为他们进行听觉探究提供引导和帮助。

（二）促进记忆力的发展

在儿童听觉感知能力的发展过程中，教师不仅要注意其听觉的感知、辨别以及听觉注意能力的培养，而且要格外注意其听觉记忆能力的发展和提高。所谓听觉记忆能力，是指记忆音乐、再现音乐的能力。音乐的形象是在时间持续过程中逐渐展开的。所以，一个人对于音乐形象的感知能力在很大程度上是受到音乐记忆能力的影响的。一个人之所以能够做到追踪音乐发展以及审美感知音乐形象，是因为他能够记忆音乐。与此同时，记忆、再认和再现音乐表象对音乐表演和创作活动也具有极其重要的影响。著名的作曲家贝多芬正是因为将大量的听觉表象储存在大脑中，所以能在双耳失灵的情况下仍能创作出举世闻名的《第九交响曲》。这些听觉表象为音乐家进行创作活动提供了充足的准备材料，使其能够创作出更优秀的作品。此外，听觉记忆与听觉感知、听觉注意能力是相辅相成、密不可分的。前者会对音乐的感受和理解产生直接影响，后者则制约着前者的形成和发展。

除此之外，一些研究结果也表明：在挖掘一般记忆的潜力方面，音乐刺激有着积极的影响。某些特定的音乐可以有效地调节人的生理状态，从而使大脑的记忆系统得到更好的发展，使人处于一种良好的状态下，进而高效地完成工作。同时，目前没有一个准确的结论能够证明音乐记忆能力与一般记忆能力正相关。

四、音乐教育与学前儿童的情感和意志发展

（一）促进情感的发展

总的来说，情感就是人所产生的一种体验。情感虽然难以捉摸，但却无处不在。若一个人拥有良好的情感品质，那么他往往会过着有目标、有生气的生活，其生活品质自然也是比较高的。情感与认识是相辅相成的，二者密切相关。情感是伴随着认识活动而产生的，同时又会影响认识的发展。因此，在教育过程中，教师要格外注意学生情感的培养。

音乐是一种艺术，它运用了旋律、音响等多种手段，使人的心理活动和感情波动得以表达，可以做到以情动人，以情感人。它能使人产生各种各样情绪变化。音乐对人的内心世界产生最直接、迅速、深刻的影响。一般人都承认：音乐的力量是巨大的，它能够对人的感情产生直接且强烈的影响，触及人的心灵深处。列宁在欣赏贝多芬的《热情奏鸣曲》后，赞誉它是一个人间奇迹。音乐家斯特拉文斯基曾说过：音乐就是情感，没有情感就没有音乐。心理学家捷普洛夫也曾说过：感情和心绪是音乐的内容。所以，教师要注重对儿童进行合理的音乐教育，从而促进儿童情感的发展。这也是音乐本身的要求。

教师在教学过程中，要充分利用"情感"这条无形的线，利用音乐触动儿童的心弦，使其产生共鸣，更好地感受美。近年来，很多的研究结果表明：在学前儿童认识活动和意志活动的发展方面，其情感体验的性质和程度发挥着十分重要的作用。所以，教育者应更加自觉地给学前儿童提供更多参与音乐活动的机会，通过这些活动使他们受到积极的情感教育。

（二）促进意志的发展

意志是人的一种心理过程，它基于一定目的对个人行为进行各种调节，包括激发、维持、抑制等。意志品质是重要的非智力因素之一。具有良好的意志品质对于一个人成才、成功具有重要意义。而音乐活动就有助于推动学前儿童的意志发展。

音乐活动是人的一种有目的的实践活动。在播放一首使儿童感受到愉快的乐曲时，这首乐曲会对他起到激励作用，激发他通过转动身体或头部去寻找声源；如果这一首乐曲中断了，儿童甚至会用哭声来表达自己的"抗议"。儿童在音乐活动中的上述表现就是所谓的意志的萌芽。在学习较困难的音乐技能时，儿童往往最需要做的就是坚持不懈地刻苦练习，克服一切技术困难，磨炼意志，以实现既定的目标。

除此之外，在幼儿园或托儿所中，音乐活动很多时候是作为一种集体活动而存在的。在这样的活动中，儿童需要注意同时调节自己与音乐以及与他人的关系。所以，儿童为了在调控自己的行动时保持高度集中的注意力，需要更强的意志和付出更多的努力。

五、音乐教育与学前儿童的社会性发展

（一）促进交往、合作能力的发展

当儿童处于尚未实现社会化的阶段时，他是很难做到用自身的思维和行为方式去适应社会的。儿童在与周围人群进行交往的过程中，其社会性开始逐渐发展起来，并且会越来越完善。社会发展以及儿童自身的发展都要求更好地培养和发展儿童的交往、合作的能力。在个体社会性的发展过程中，学前期作为重要阶段之一而备受重视。在这一时期中，儿童应该积极地与他人进行良性的交往，从而推动其社会性发展。

音乐可以为儿童提供更多进行人际交往的机会，以使其与人交往的需要得到满足。这也是音乐的重要功能之一。所以，为学前儿童提供更多参与音乐教育活动的机会，可以使儿童获得更多参与到人际交往和合作交流中的机会，从而推动其交往观念和交往技能的发展。在集体参与的音乐活动中，儿童能够更好地体会到团结协作的乐趣，而且可以在这一过程中学会理解、尊重、接纳和欣赏他人，同时也能学会与他人交流、合作的方法，极大地提高了参加活动的积极性、主动性。

在此，仍需注意的是，在进行音乐教育活动的过程中，如果教育者难以做到始终如一地朝着促进儿童社会性发展的目标做出持之以恒的努力，部分儿童就会成长为这样一些人：他们虽然掌握了一定的音乐知识和音乐技能，但在观念上和实际行动上，都不能很好地把音乐当作与他人平等友好交往的工具。所以，教育者应该重视学前儿童发展中的社会发展目标，并有意识地利用音乐教育活动来帮助学前儿童发展交往意识和交往技能。

（二）促进纪律性和责任感的发展

音乐活动作为一种社会活动，是十分注重秩序的，它要求参加者在进行活动的过程中必须遵循一定的规则，同时要意识到并担当起一定的社会责任。除此之外，在进行音乐活动时，教育者总会要求儿童在歌唱时完成音乐的节奏、韵律等方面的配合以及在舞蹈中完成特定的动作等。这些都有利于儿童在无形中养成一种自愿遵守规则的习惯，进而使其自律性、责任感和自我激励的意识得到培养和发展，有利于儿童将来更顺利地加入有秩序的社会交往活动中。

教育者要注意有意识地培养学前儿童的责任感和纪律性，促进其全面、健康地发展。同时也要注意不要单独进行这种培养活动，而要将它与当前儿童教育机构的课程和活动联系起来。此外，在音乐教育过程中，教师自身要有一个

正确、积极的态度，要为学生树立一定的行为榜样。与此同时，有计划的行为习惯的训练也是不可或缺的。

六、音乐教育与学前儿童的学习品质发展

在儿童学习音乐的过程中，儿童的兴趣、好奇心和主动性、想象力、创造性、专注性、计划性、反思性等学习品质应该同步发展。

（一）兴趣、好奇心和主动性

学习有三种基本方式，即观察模仿学习、探究创造学习和问题解决学习。学习者对这三种学习方式的主动应用，无一不与学习者的兴趣和好奇心息息相关。杜威曾说过：兴趣是因为希望、追求和结果之间能够产生持续的动力。皮亚杰曾说过：好奇是认知失调后追求新平衡的主动努力。我们一般认为人在不满足时会追求需求得到满足，满足了还会进一步追求新的需求得到满足。那么，在学习方面，持续性的良性循环又是怎样被激发和维持的呢？

在观察模仿学习的内部动机的自我激发方面，除了身心的舒适、社会的接纳、审美感动和认知挑战以外，最高级也是最重要的动力就是对"自我完善-自我实现"的需求了。一个年龄很小的儿童看见别人正在做一件自己不曾做过的事情，就会马上进行模仿，或随后进行延迟模仿，将这种原先并不曾属于自己的技能纳入自己的能力体系中。这就是一种主动追求"自我完善-自我实现"的具体表现。因此，儿童是天生喜欢模仿的，其模仿兴趣的内部机制也就在于此。

但是，我们经常也可以发现许多这样的情况：儿童不情愿甚至拒绝对成人提供的榜样进行模仿。这难道与上面的事实相互矛盾吗？其实，我们非常容易理解出现这种情况的原因。

第一，太难——离儿童认知和技能水平太远；太陌生——离儿童的生活体验太远；用儿童的话来说就是"不知道他们在弄什么"；用理论性的话来说，就是没有能够"源于生活"，没有"基于儿童的现有基础"。

第二，太容易——等于甚至低于儿童的认知和技能水平；太熟悉——离儿童的生活体验太近，用儿童的话来说就是："把我们当小毛娃。"用理论性的话来说就是没有能够"高于生活"。

第三，太成人化——没有接近或进入儿童个人或儿童文化的情感认同范围。用儿童的话来说就是："那些是他们大人喜欢的东西。"用理论的话来说就是没有做到"视域融合"。

心理学为我们提供了一种既简单又实用的视觉图形"倒 U 曲线",用中国普通百姓的话来说就是"适中的或适宜的就是最好的"。

因此,当学前儿童对教师提供给他们的学习内容或方式没有兴趣,不感到好奇,没有表现出主动"求学"的倾向时,教师首先应立刻警觉:一定是自己提供的内容不合适或提供的学习方法不合适;儿童对学习的"心向"正在受到威胁,即儿童好的学习态度的形成遇到了阻力。

学习的最大动力就是兴趣,但是它并不是生来就有的,其产生和发展在很大程度上受到社会生活和教育的影响。虽然儿童天生就对音乐有一种喜爱之情,但是教师对其音乐能力的培养和发展也不能仅仅采取听之任之的态度,而应该加以重视和注意,提高儿童学习音乐的兴趣和能力。儿童由于很难做到凭借自己的意志去控制自己的行为,所以一般情况下都由兴趣直接支配他们的学习行为,提高学习积极性。教师在教学过程中,应该从儿童学习的特点和实际出发,促使儿童积极地参与音乐活动,维持、巩固这种学习音乐的兴趣爱好,并使其成为一种需要,贯穿自己的一生。因此,在学前儿童音乐教育方面,教师应该重视激发和发展儿童对音乐的兴趣和爱好。这是当前学前音乐教育的首要任务。

在音乐教学过程中,教师应以儿童的生理心理特点为基础,激发、培养和发展儿童对音乐的兴趣,不仅要把活动内容安排得合理,而且要保证指导形式生动活泼。例如,在音乐伴奏和教师带领下,儿童会跟随教师完成一些生动有趣的游戏活动,包括动手、动脚、动口等一系列活动。此外,在音乐教学活动中,师生间的情感交流也是不容忽视的。一种轻松、平等、愉悦的氛围,有助于儿童对音乐的兴趣的激发和培养。例如,在音乐活动中,教师与儿童一起表演并扮演一定角色,能更好地使学生融入情境,提高儿童参与活动的积极性,发展其兴趣。

除此之外,在进行观察模仿学习时,儿童一定会获得观察模仿学习各种具体技能的机会。在这个过程中,如果教师指导得当(包括直接指导和创设环境的间接指导),那么,儿童观察收集信息的速度、准确性,识记的速度、准确性,储存、保存的质量,回忆提取的速度、清晰性、准确性,以及利用这些从外部输入的信息进行进一步加工的能力,都能够得到有效提高。

(二)想象力和创造性

音乐学习活动对学前儿童的想象力和创造性的培养和发展一方面以生理与心理的安全舒适、社会的认可接纳为基本前提;另一方面也以认知、审美两方面的自我实现追求为基本动力。同时，音乐学习活动对想象力和创造性的培养和发展也大大激发和维持了儿童的兴趣、好奇心和主动性。

音乐作为艺术实践活动，本来是能够很好地促进想象力和创造性发展的。但是，在实际工作中，许多教师却感到困难重重。那是因为，通过音激发儿童的想象力和创造性，也需要将具体的反应和发展目标定在具体儿童以及儿童群体的"最近发展区"以内。目前诊断出来的教师的问题行为，主要有"包办代替"和"放任自流"，即教师不能够熟练掌握对不同年龄、具有不同经验和背景的儿童的激发引导技巧。这种常见的教师指导的失误，往往直接导致儿童的压抑和迷惘体验，进而导致儿童因不能如愿以偿地获取"自我效能感"和"自我实现感"，而失去进一步参与活动的主动性。

相关研究表明：即便是因为业余爱好学习音乐的成年人，通常也最不喜欢那种"不知道老师究竟要我们干什么"，或"总也弄不清下面到底该怎么办"，或"怎么努力也够不着"的学习状态。那些成人爱好者通常的应对策略是，放弃继续学习，不断寻找"适合自己的教师"和"忍耐"。

（三）专注性、坚持性

我们都知道的一个关于成功秘诀的名言就是"成功等于百分之一的天分加百分之九十九的勤奋"。所谓成功，重要的不是金钱权力地位的获得，而是内心因自我实现的而获得的满足与安宁。中国人常说"活到老，学到老"，那是一种追求自我实现快乐大于一切的境界，因为追求自我实现的快乐已经自然地融入了人的学习品质中，所以什么艰难困苦都阻挡不了对这种快乐的追求。而所谓的专注性和坚持性只不过是这种"内在追求的外在表现"而已。

一些生理、心理学的研究发现：在经过努力获得成功后，大脑会自动发射能够引发快乐感觉的生化物质。这项研究也许可以用来证明，人体内存在坚守目标的自我奖赏生理机制。

有人认为可以通过纪律、奖励、新颖的教具和学具以及教师的戏剧化表演等外在手段来激发和维持儿童学习的专注性和坚持性。其实，这些手段如果脱离了"成长快乐"本身的内在引导，仅仅是一些"非可持续发展"的临时性策略而已。

由于人们相信："挑战与成功"永远是激动人心的人生追求，所以人们才会认定：学习和教育必须关注的首位价值应该是成长快乐。

（四）计划性、反思性

学习的计划性和反思性更是需要教师来培育的学习品质。如果说专注性和坚持性品质更多地与价值、需要、情感、态度有关的话，那么，计划性与反思性则更多地与策略、方法、技巧和能力有关。与专注性和坚持性的感性色彩相比，计划性与反思性是与人的理性发展更为密切的学习品质要素。

人们通常认为：艺术学习和艺术实践是更感性的人类实践活动。其实，这是与科学等其他领域相比较而言的。这个想法本身就是相当感性的。艺术心理学的研究早就证实：在人类的艺术实践中，感性和理性是一种非常复杂的关系，不同的人，在不同时空中，因为不同需要，会选择不同的感性与理性相互配合的心理结构来处理自己的艺术实践问题；而且在艺术学习的过程中，特别是在教育机构中进行的艺术学习过程中，学习者自身的理性归纳、演绎，教师的引导，团队的分享，都离不开第二信号系统——语言的使用。将自身体验经过思维加工转换为口头语言再表达出来就是一种理性的心理活动。心理学的个人知识自我管理理论，将这种"缄默"的感性经验理性外化的过程看作提升个人知识质量和价值、增强个人知识储存稳定性和增加应用激活可能性的重要心理过程。

在以上两种品质中，计划性要相对下位一些，它主要是指个人在学习过程中能够逐渐发展出一种对学习流程各步骤的先后顺序，以及每一步骤所承受的学习负荷量做出选择的意识和能力。因为相对更合适的选择是与学习的效率息息相关的，因此，这方面意识和能力的发展会直接或间接地影响学习的结果，进而影响学习快乐的获得，乃至进一步影响学习动力的产生。

反思性品质的培养更是如此。相对于计划性来讲，反思性实际上是一个更上位的概念。如果人们仔细分析一个处理问题的完整时间片段，就可以发现，任何有目的的行为，一般都会经历以下基本流程（这本身就是一种计划）：明确目标—制订计划—执行计划—评价结果—反观调整计划……所以，反思性实际上就是特指个人不断对重新评估、重新调整、重新尝试自己的人生计划、人生阶段计划，甚至一个具体的学习活动计划的目标、方法和效果的过程进行监控的意识和能力水平。

从事学前教育的人士都能够理解，计划性和反思性品质在儿童早期才刚刚出现萌芽，如果没有教育的有效支持和培育，是很难靠儿童自身的力量顺利发展起来的。但也有人因此反对在儿童早期培养其计划性和反思性品质，其理由与前述的"艺术是感性的"相同，他们认为学前儿童是感性的。这也是一种认识上的绝对主义，是一种"全或无"的思维定式，阻碍了对事实的理解。儿童的理性与成人，特别是理性高度发展的成人的表现方式是不同的；儿童的理性与感性相互支持的关系本质与成人相同；儿童有自身理性发展的需求，这种发展需要成人的支持；支持儿童的理性自然生长和在理性方面"拔苗助长"的行为的区别，有时候仅仅是一步之遥。因此，这个"一步"到底有多宽，也是未来教育研究者应该普遍重视的研究课题。

第二节 音乐教育与学前儿童的音乐能力发展

一、音乐教育与学前儿童歌唱能力发展

人类天生就有一套精巧细致的歌唱器官，但歌唱的能力却不是与生俱来的。它的形成与发展更多地依赖于后天的学习。儿童歌唱能力的发展与儿童语言的发展是紧密相关的。

笔者主要从以下几方面来论述学前儿童歌唱能力的发展。

（一）歌词

对于 3 岁以前的儿童来说，他们可以对部分歌曲片段进行一定程度上的再现，但仅把歌词作为一种特殊的声音来进行重复，难以理解其中含义，且极易出现发音错误。到了 3 岁，儿童的语言已经得到了很大程度的发展，初步有了想把歌曲唱好的愿望，可以做到对一些歌曲中的片段进行较完整的再现，十分喜爱歌曲中的象声词部分以及多次重复的部分。但对于他们来说，歌词含义的理解仍然是一个难点，他们很难清楚地说出自己不理解、不熟悉的字词。随着年龄的不断增长，4～6 岁的儿童掌握歌词的能力又有了进一步的提高，能够记住的歌词也更多、更长，发音也更加清晰，可以对熟悉歌曲的歌词进行较为准确完整的再现，除非面对的是不理解的歌词，否则他们很少会出现唱错歌词、发音错误的情况。

（二）音域

对于学前期的儿童来说，他们的发声器官还处于生长阶段，发育并不完全。他们的喉头体积大小与成年人的相比，只有成年人的一半不到，且其声带较为短小、脆弱。因此，在歌唱方面，与少年儿童和成人相比，学前儿童能用的音域十分狭窄。2 岁以前的儿童很难完整地将一首歌唱下来，因此根本谈不上发展音域的问题。到了 2 岁左右，儿童会有意识地去调整发音以求模仿出标准音高，对旋律轮廓的变化也开始有所察觉，对歌曲的基本形式、结构的感性方面等有所了解，改变最开始的"本能歌"的形式，并最终掌握"轮廓歌"的形式。

此后，随着年龄的增长，儿童的音域将不断扩展，能唱出来的音调越来越多、范围越来越广。

（三）节奏

儿童对音乐节奏能够进行准确再现且对其情绪表现力有所感知的能力，就是所谓的节奏能力。对于儿童来说，他们的节奏感越强，越善于用合适的动作对音乐的节奏与情绪进行表达。由此可见，节奏感和人的动作有着密切的联系。对于儿童来说更是如此，一般情况下，他们最先通过动作来表达出对音乐的感受。在音乐活动中，儿童最先感知的就是音乐节拍，他们会随着音乐拍手、走步并且改变动作的速度。

在练习歌唱时，小于3岁的儿童就有了初步的、模糊的节奏意识，但大部分和歌词中的节奏相互关联。而对于3岁的儿童来说，他们在掌握歌曲节奏方面的能力也十分有限，难以唱准。只有当歌曲节奏与儿童的生理活动和身体动作相适应和协调时，儿童才能较轻松地掌握这一歌曲的节奏。处于4～5岁的年龄阶段的儿童的动作能力进一步发展，能够更好地完成对肌肉活动的控制，并且可以跟随音乐更加准确地做出相应的动作，对动作本身和用动作来表现音乐同样感兴趣。通过合理的音乐教育，他们能够使自己的动作与音乐合拍。5～6岁的大部分儿童都可以对音乐的基本节拍进行感知和把握，并使自己的动作和音乐合拍。

（四）音准

在学前儿童进行歌唱活动的过程中，音准是所有技能中最难掌握的一项。一项持续了3年的研究发现：在学前阶段，儿童最容易掌握的是歌词，节奏次之，速度第三，呼吸第四，最难掌握的是音准。其他许多有关研究也证实：在学前儿童发展歌唱能力的过程中，与其他能力相比，音准把握能力的发展速度最慢。对于许多已经进入小学的儿童而言，他们的音准问题仍然没有得到解决。

小于3岁的儿童在歌唱时对音准的把握能力很弱，而3岁儿童在独立歌唱时也极易发生"走音"现象。如果有乐器的伴奏，这种情况会得到一定程度的改善。4～6岁的儿童的音准把握能力有所提升，儿童的调式感初步形成，能感觉到歌曲中的主音；如果歌曲难度不大且有乐器伴奏，那么一般情况下儿童都能将音高准确地唱出来。

（五）呼吸

人在歌唱时要使用较长的气息不间断地冲击声带。在这一过程中，人要做到有控制地、均匀地用气,才能使声音较长时间地延续下去。3岁前,肺活量小、呼吸浅的儿童一般难以控制气息,唱歌时换气频繁。3岁以后,儿童开始学会使用较长的气息,但往往基于自己气息的使用情况来进行换气,而忽略乐句的需要。一般来说,强拍后面和时值较长的音后面经常是他们换气的地方。通过对儿童进行教育,4～6岁的儿童可以做到匀速呼吸,使气息得到较长时间的保持而不会被过度消耗;他们在教师的指导下也能够根据乐句需要进行换气。

(六) 表情

歌唱表情在此仅指歌声所传达出的声音表情。与声音表情有关的歌唱技能有很多种,包括速度、力度及音色变化,咬字、吐字及气息运用等。通过教育的积极影响,3岁儿童的表现意识和技能得以初步养成和发展。3岁末期,儿童可以对速度、力度、音色进行一定程度的把握,把歌曲中的不同形象、情绪表现出来。在良好的教育影响下,4～6岁的儿童的表现意识以及体验理解能力有了进一步的发展,并且可以使用一些简单的表现技能。同时,这一年龄阶段的儿童可能会有一些不正确的表现观念和习惯形成和发展起来。教育者要对这种情况高度重视起来,正确地引导其纠正这些观念和习惯,使其全面且健康地发展。

(七) 合作协调

作为一种重要的歌唱能力,合作协调的能力是非常重要的。在合唱时,儿童要做到尽量保持自己与同伴的声音协调一致。在共同歌唱的过程中,儿童应该同时注意到自己与同伴的歌声以及伴奏的声音,而不能仅仅关注一个方面。对学前儿童来说,做到与同伴协调一致是很难的。3岁以前,儿童大都缺乏合作的意识和能力,所以,在集体歌唱时超前或拉后的情况时有发生,难以配合同伴,从而影响合唱的整体效果。经过一定时间的教育和训练后,儿童集体歌唱的经验逐渐增多,儿童会通过一些方法来实现对自己声音的控制,力求与集体达成一致,以达到更好的合唱效果。在4～6岁的年龄阶段,儿童的合作协调意识和能力逐渐发展起来并且不断提高,在集体歌唱时能更好地做到与同伴们相互配合、达成一致,从而获得更多愉悦的感受。他们会主动自觉地对自己的声音进行监控,并且十分注意声音表情上的整体协调性,以获得情感共鸣。

(八) 创造性表现

学前儿童在进行创造性表现活动时,往往会使用歌唱的方式。这一现象是很普遍的。对于3个月左右的婴儿而言,如果他们的生活环境中有着丰富的声音刺激且总是有人主动对其说话、唱歌，那么他们就会开始进行嗓音游戏，从而体会到游戏带来的快乐。许多2岁左右的儿童虽然不能完整、准确地歌唱，但总会"故意地变变花样"。如果身边的成年人对他们的这种创造性表现做出积极反应，就会对他们的这种行为起到一种激励的效果，从而促使他们更加努力地去这样做。通过幼儿园的良好教育，3岁儿童的创造性表现的意识和技能会得到一定程度的发展。在这一年龄阶段的末期，儿童学会了对句子中的某些部分进行更改、替换，从而形成新的歌词，同时在演唱表情和演唱形式方面也会有自己的想法和见解。4~6岁儿童能够对一些简单的创造性表现技能进行熟练的应用，对于创造性表现的兴趣也在逐步提高；在参与创造性表现活动时更具主动性和积极性，并且努力使自己拥有更加独特和完美的表现；一些儿童在发展较好的情况下，甚至能够改变原有歌曲的节拍、节奏，独立地即兴哼唱出一个新的曲调，并使这一曲调相对完整。当然，一般情况下，这些即兴创作的曲调都是基于他们熟悉的音乐材料的。

二、音乐教育与学前儿童韵律活动能力发展

韵律活动是一种身体动作表现活动，它伴随着音乐进行，并要求做到与音乐相协调。韵律活动要求儿童一定要有相应的体能、动作技能以及对音乐的感知和理解能力，除此之外，运用动作进行创造性表现的意识和能力也是不可或缺的。所以，学前儿童的韵律活动能力的发展，不仅需要长时间的经验积累，而且也需要成年人提供有利的环境和积极的帮助。

笔者主要从以下几个方面来阐述学前儿童韵律活动能力的发展。

（一）动作

3岁以前的儿童的身体动作已经逐步进入初步分化的随意动作阶段。在3岁这一年龄阶段，许多儿童开始慢慢地掌握了最简单的非移位动作，包括拍一拍手、动一动手臂、晃动头部等。一般情况下，儿童可以比较自如地走路，甚至能够做出一些简单的跑跳动作。在儿童动作发展的过程中，伴随着动作分化的逐渐精细化，儿童的动作更加协调，他们也可以更好地表现和控制动作的速度、幅度等。幼儿园的良好教育对儿童的动作发展具有重要意义。在此基础上，3~4岁的儿童学会了更加自由地、速度更快地做出各种简单动作。随着平衡和保持重心的能力以及神经系统协调能力的发展，一般儿童可以学会一些幅度较大的动作或者简单的联合动作。3岁末期，儿童的躯干和下肢肌肉力量及平衡能力得到一定程度的发展，所以他们可以完成一些简单的连续移动动作或者

复合动作，但是含有腾空过程的跳跃动作仍是很难做到的。4～6岁的儿童可以完成一些较为精细的动作，可以更加自由地运用身体的各个部分来完成更加复杂、协调的联合动作和连续移动动作。

（二）随乐能力

在进行韵律活动时，要想使儿童的动作与音乐相协调，家长和教师就要重视其随乐能力的发展。要想使随乐能力得到更好的发展，儿童需要做到两点：一是能够自如地运用身体各部分完成一系列动作；二是要对音乐有一种敏锐的感知力。

6个月左右的儿童只会对音响做出反应。随着年龄的增长，到1岁半左右时，儿童会对鲜明的节奏有所感知，并且随着这种节奏做出相应的动作反应。许多3岁以前的儿童都会在成年人的陪伴下完成一些简单的游戏性动作，并且边唱边做。这便是刚刚处于萌芽状态的随乐意识。

3岁儿童通过良好的教育能够开始逐渐注意到音乐节奏的变化，并且学会通过努力调整自己的动作来适应音乐节奏，阶段性地培养和发展其随乐能力，力求动作与节奏达到一种协调一致的状态。对于3～4岁的儿童来说，他们已经逐渐学会了对音乐的总体结构以及段落和句子做出反应，并且其动作认知得到了进一步的发展。在4～6岁这一年龄阶段中，儿童的随乐能力得到了很大程度的提升，他们更多地去关注音乐节奏的特点，熟练地跟随节奏，同时准确地用动作的变化来表现音乐中速度和力度的不同，并且能够对复杂的节奏、音乐的结构做出准确的反应。

（三）合作协调

韵律活动中的合作协调主要指运用动作与人配合、沟通，共享空间。对动作关系、情感关系、空间关系的判断能力以及相应的调节能力，是构成韵律活动中合作协调能力的基础。

3岁以前，儿童在日常生活中，主要就是与身边的看护他们的成年人进行交往。在这一交往过程中，儿童在交往方面的欲望和能力已经初步发展起来了。但要想使儿童合作协调能力得到真正的发展还需要教育者有意识地进行培养。

进入幼儿园以后，在得到良好教育的前提下，3岁的儿童会通过观察和调整表情与动作来达到与同伴相互协调一致。他们也学会了在共同活动时为自己寻找一处合适的场地以避免与他人发生碰撞。3岁末期，他们也会掌握多人合作表演的方式。对于4～6岁的儿童来说，他们的合作表演的经验更加丰富，并且合作协调意识和技能也逐渐发展起来，能够与同伴相互配合、和谐相处。

随着儿童社会性交往能力的发展，儿童在随乐动作的表现能力上也更趋社会化，特别是在参与集体性的音乐实践活动中，他们不仅能够协调自身的动作以和音乐相符，而且能够尝试主动地与同伴合作表演。而这些特点在较大年龄的儿童身上尤为明显。

（四）创造性表现

在进行韵律活动时，个体利用动作创造性地对自己的看法、想法进行表达，就是所谓的创造性表现。通过良好的教育，他们在创造性表现方面一定可以得到大幅度的提升和发展。

3～4岁的儿童逐渐学会用动作来表现音乐、情感体验以及自己所熟悉的各种事物，同时为了得到他人的理解和回应，也会用动作来表达某种想法。在这一过程中，儿童得到的积极体验越多，其动作表达意识发展得就越好，进而推动动作表达能力的发展。在受到良好教育的基础上，4～6岁的儿童在创造性表现方面的经验会越来越丰富，积极性会不断地提高，表现力也会不断地增强，从而使创造性表现得到更好的发展。

三、音乐教育与学前儿童音乐欣赏能力发展

音乐欣赏是个体怀着欣喜之情反复倾听音乐的一种活动。欣赏的兴趣和愿望是人们欣赏音乐的基础。在此基础之上，个体还要有对音乐的音响进行感知并从中获得积极体验的能力。其实，在个人音乐欣赏能力的发展过程中，兴趣、愿望与能力之间相辅相成，即欣赏能力强的人，必定会有很强烈的欣赏兴趣和愿望，进而在寻求欣赏机会时也会渴望更多且更具主动性，从而得到更大的收获。

笔者主要从下面几个方面来论述学前儿童音乐欣赏能力的发展。

（一）倾听

"倾听"要求人在听的过程中要有意识、注意力集中且有情感参与。培养好的倾听的态度、习惯与能力，不仅有助于欣赏音乐的能力的提升，而且有助于形成积极的个性倾向以及人生态度。"倾听"不局限于对音乐的倾听，还包括倾听周围环境的各种声音，甚至包括对寂静进行倾听和感受。

从很小的时候开始，儿童就非常喜欢"倾听"。诸多研究结果表明，在婴儿时期，他们就对声音有所反应，具有一种与生俱来的敏感性。许多相关的研究都表明：完全无声的环境并不适宜于婴儿，轻柔的声音（如录有微风、海浪

等声音的录音）在一定程度上能使婴儿停止哭闹，使其变得安静、愉悦。婴儿不仅能注意到周围环境中的音乐之声，将其与别的声音区分开，而且开始由"接受者"逐渐成为"参与者"（由对周围环境中的声响感兴趣到逐渐被刺激，并参与其中），大约在半岁左右开始表现出试图模仿所听到的声音。这种声音也被称作"婴儿式的说话和颤音"，婴儿会在这种"声音模仿游戏"中获得愉悦感。

对于一个3岁以前的听力正常的儿童来说，他有充足的条件可以获得丰富的倾听经验。由于周围环境中的音响有好有坏、纷繁复杂，儿童很难形成良好的倾听态度、习惯和技能。在这种情况下，良好的教育就显得格外重要了。家长要对儿童进行积极的指导，引导其自发地倾听音乐，培养其音乐欣赏的习惯和能力。

3岁儿童会更加主动地去倾听周围环境中的声音，并学会对这些声音进行分辨和描述，区分出不同的声音。他们在进行音乐活动时会更加专注地去倾听各种音响、同伴的歌声以及伴奏，力求准确的区分和描述它们，同时使自己的声音与同伴协调一致。

对于4～6岁的儿童来说，他们在倾听时具有更强的主动性和自觉性，其听辨和描述能力也得到了进一步的发展。他们会更加积极主动地对周围环境中的声音进行倾听，并在这些声音的基础上进行创作，从而完成创造性的音乐表达。

（二）理解

在音乐欣赏的过程中，理解发挥着重要的作用，它有利于儿童更好地进入欣赏境界。

在得到良好教育的前提下，3岁儿童能够对熟悉的歌词内容和思想以及具有鲜明特质的音乐情绪有一定的理解。他们往往会对表现主题思想的一些特殊性因素表现出极大的关注。在倾听具有不同情绪性质的音乐时，儿童虽不能用词汇说出它们的不同之处，但是可以通过一些动作表现出来。例如，在听进行曲时，他们精神抖擞地走路；在摇篮曲音乐的伴随下温柔地做抱、拍娃娃睡觉的动作；在舞曲声中高兴地拍手；等等。不过如果进行曲与舞曲音乐的特点不鲜明，那么儿童区分起来仍然会感到困难。

4～6岁儿童在良好的教育影响下，理解那些微复杂的歌曲中的歌词内容时也会更加容易，同时对器乐曲的理解能力也得到了很好的培养和发展。随着年龄的增长，到了五六岁，他们不仅对音乐所表现出的情绪情感和思想内容有所感知、能够辨认，而且可以直接使用语言进行表达。

（三）兴趣与爱好

儿童对音乐的鉴赏能力可能最直接地表现在其对音乐的偏好上。对音乐的兴趣与爱好在音乐表演活动以及音乐欣赏活动方面发挥着十分重要的作用。儿童如果对某首音乐作品不感兴趣，就不可能反复地倾听并且始终保持着那份欣喜之情。一般来说，儿童"音乐偏好"的形成受到三个方面的影响：①在不断接触某种特定音乐或对某类型的音乐训练反复强化的基础上，儿童对这种音乐的鉴赏能力会不断提高；②权威人物（教师或某个成人）的偏好对儿童音乐偏好的形成产生了影响；③由音乐中固有的特质（如某种音乐风格）而影响到对音乐的偏好。

3岁以前的儿童不断积累音乐经验，从而逐渐形成对某一种特定音乐的喜爱，萌生出对一种对音乐价值的看法。3～6岁的儿童更多地表现出对熟悉的、内容易懂的且具有鲜明的节奏、欢快的情绪、明朗的音响的音乐的喜爱，同时若能接受良好的教育，那么儿童的音乐兴趣必能得到很好的培养和发展，爱好也会变得更加广泛，并且儿童能够学会主动地接纳各种音乐、积极地参与各种音乐活动，初步形成一定的兴趣爱好。4～6岁的儿童开始逐渐在音乐方面显示出一种个人偏爱，会明确地表达出自己对某一音乐喜爱与否。

学前儿童的音乐速度和质量等方面的能力的发展受到两种因素的影响，一是先天因素，二是后天的教育因素。事实上，对于学前儿童音乐能力发展起到重大影响作用的是教育，即学前儿童的音乐教育。它会对学前儿童音乐能力的发展带来诸多有利的影响，具有极其重要的意义，不仅可以提供一个富含音乐信息的有效环境，还能为学前儿童音乐能力的发展提供切实可行的音乐实践活动和指导。因此，在良好的音乐教育影响下，学前儿童不仅能逐步发展起比较稳定而广泛的对音乐的兴趣，使音乐经验不断累加，从而掌握一些简单的、基本的音乐知识和技能，而且能更好地促进每一个个体音乐能力的发展。

第三章　世界著名音乐教育体系

目前，世界各国的音乐教育事业呈现出蓬勃发展的态势，在教学手段和方法探讨方面也日趋成熟，体现了多元化。在国际上有影响力的几大音乐教育体系分别有达尔克罗兹音乐教育体系、柯达伊音乐教育体系、奥尔夫音乐教育体系。这些教育体系具有逻辑性、科学性、自然化和人性化等特征，并且伴随着音乐教育过程的始终，在技术和教育思想方面存在着很多相通点。

第一节　达尔克罗兹音乐教育体系

一、达尔克罗兹音乐教育体系的基本理念

瑞士著名的作曲家、音乐教育家埃米尔·雅克·达尔克罗兹是世界上第一位创立音乐教育体系的人，他对音乐教育大胆无畏的变革为后来的音乐教育者树立了榜样，也影响着柯达伊、奥尔夫音乐教育体系的形成。

达尔克罗兹教学法是通过试验建立起的一套音乐教育体系。这一体系包括体态律动、视唱练耳和即兴音乐活动三个方面。其中，体态律动教学法最具成效，它与视唱练耳并重，而且已经发展成了一门独立的学科。这一教学法也已经成为对整个近现代世界都具有影响力的音乐教学法。

对传统教学弊端的认识是达尔克罗兹教学理论形成的基础。传统教学弊端包括：使音乐感、实际音响与音乐理论发生背离，且割裂了技术的练习和表现，忽视了音乐训练中学生音乐表现能力的发展。达尔克罗兹教学法的种种观念，都在一定程度上填补了极端专业化音乐教育的空白。

达尔克罗兹音乐教育体系的基本理念实际上是在"身体运动"与"节奏"两个核心概念之间展开的，而这两个核心概念之间的关系是运动，即节奏。换

言之，运动是学习音乐的首要途径，发展学生的节奏能力是音乐学习的首要目标。

（一）身体运动是音乐学习的起点

达尔克罗兹强调，音乐学习的起点不是演奏乐器，而是人的体态律动，通过合理的身体运动引导学生接触与体验音乐的各种要素。达尔克罗兹创立的"体态律动音乐教学法"，是一种把音乐学习与休闲服饰、各种各样的身体动作紧密结合在一起的做法。这在19世纪与20世纪相交的年代是极其离经叛道、不成体统的。达尔克罗兹是世界第一个把音乐与身体的关系引入哲学思考层面，并在音乐教学的方法层面实现音乐学习与身体的有效结合的人。

达尔克罗兹认为，人只能在重复整个身体运动经验之后才能获得节奏感。达尔克罗兹认为，音乐是由音响和运动合成的，与运动相比，音响是第二位的，运动才是第一位的。学习音乐的人通过操作，会先获得肌肉感觉的记忆和音响记忆，然后再进行听觉分析。他把音乐与身体运动的关系归纳为以下8点：①节奏是运动；②节奏的本质属性是生理的；③任何运动都涉及时间和空间；④音乐意识是肌体运动的结果；⑤完善的生理条件会导致清晰感知觉；⑥熟练掌握动作过程的时间是获得音乐节奏感的基本保证；⑦自如地控制运动空间是获得身体节奏感的基本保证；⑧只有通过节奏运动才能把握好运动的时间、空间和能量的关系。

（二）节奏感培养是音乐学习的首要目标

儿童的节奏感的培养一方面需要了解儿童节奏感发展的特点，另一方面需要制定培养儿童节奏感的策略。

1.儿童节奏感的发展特点

达尔克罗兹通过观察和分析儿童在自然情景中的音乐学习状态，总结出儿童节奏感发展的一些特点。他对儿童节奏感发展特点的研究由以下三个部分构成：儿童节奏感的发展层次特点；儿童节奏感发展的难易特点；造成儿童节奏感的发展障碍的原因。

（1）儿童节奏感的发展层次特点

①完全没有节奏感的儿童。任何音响对他们而言都是噪音，他们甚至分辨不出温和、严厉、讽刺等说话声音之间的不同之处。

②节奏感发展一般的儿童。他们能自如地按照节拍行走和做动作，但不能听辨并唱准旋律中的节奏。

③具有良好节奏感的儿童。一开始，他们能听辨有节奏的音调，然而往往不能识别简单的非节奏性的音响。经过一段时间的节奏训练后，他们很快就能获得感知与识别节奏的能力。

④天生具有好的音乐耳朵和节奏感的儿童。不过，这类儿童又呈现出以下几方面的个体差异。

听觉好，但读谱与歌唱能力差；或反之。

听辨孤立音响或曲调的能力强，但听辨和弦与和声片段能力弱。

听觉好，但不具有综合分析能力。

听觉好，能理解钢琴作品，但不能欣赏其他器乐和声乐作品；或反之。

听觉好，但会阶段性地出现听觉问题，或者只是在音乐学习的一段时间内的听觉反应好。

（2）儿童节奏感的发展难易特点

①领会节奏容易，但表现节奏困难。

②用上肢表现节奏容易，但用下肢与躯干表现节奏困难。

③用嗓音表现节奏容易，但用身体表现节奏困难；或反之。

④用单一肢体或器官表现节奏容易，但用两种肢体或器官综合表现节奏困难。

⑤表现已知的节奏容易，但辨别和记忆生疏的节奏困难。

⑥对节奏的听辨、理解和表现，从肢体动作开始容易，但直接进入困难。

⑦长时间表演一种节奏容易，但长时间表演而自始至终不出现错误困难。

⑧去掉身体动作上的一些动力定势困难，如做紧张、停顿的身体运动容易，但做放松、平滑的身体运动困难。

⑨在音响与运动中模仿节奏，但离开音响与运动保留节奏表象困难。

⑩表演自己想象或创造的节奏，但表演他人提供的节奏困难；或反之。

⑪辨别和表演复杂的单一性节奏，但辨别与表演哪怕是最简单的复合节奏也困难。

⑫在固定的速度中用动作表现节奏容易，但用动作变换速度地表现节奏困难。

⑬在没有力度微差的情况下表现节奏容易，但只要加入任何细微变化的非节拍情感重音的节奏表现都显得困难。

（3）造成儿童节奏感发展障碍的生理、心理原因

儿童节奏感发展障碍主要是由生理和心理两个方面的原因造成的。

①生理原因有肌肉松软、僵硬、过敏，神经系统不协调，不恰当的空间感引起的不平衡等。

②心理原因有不够沉着，遭受到过分批评，注意力不集中，缺乏灵活的分析能力，对肌肉活动的记忆能力差、逻辑能力差、判断能力差，心理能量使用过度，过分自信，缺乏信心等。

2. 儿童节奏感的培养策略

音乐能力体现为听觉器官、发音器官与肌肉系统三方面的协调运作，但音乐能力的形成与发展则以肌肉系统最先启动为主要特征。肌肉系统对节奏的意识是儿童通过日常的重复练习先获得肌肉感觉记忆，然后在自如地表现节奏的过程中获得的；听觉对节奏的意识是儿童通过日常重复练习先获得音响记忆，然后在不断听辨、比较、分析中获得的。对音响的节奏意识是以肌肉系统对节奏的意识为前提的。如果肌肉系统先获得了对节奏的意识，再进入音响感官对节奏的意识获得过程就会变得水到渠成；而跳过肌肉系统要直接进入音响器官对节奏的意识获得过程，会使节奏感学习显得困难重重。

另外，在身体运动中若没有大脑的有意识思考，儿童是不能领悟节奏的。"运动即节奏"的意思不是只要运动了就能获得节奏感。在运动中时刻考量能量、空间、时间的关系是获得节奏感的条件。所以，教师应将能量、空间、时间有机地结合起来，加强对儿童节奏感的培养。

二、达尔克罗兹音乐教育体系的重要内容

体态律动、视唱练耳和即兴创作、表演这三个部分是达尔克罗兹音乐教育体系的重要内容。虽然这三个部分都有其独立性，但是，达尔克罗兹更愿意将音乐课程看成一个整体，认为音乐的学习过程应该是一个螺旋上升的过程。

这三个部分的重要内容互相联系、互相作用，以节奏运动为核心，培养学生的内心听觉和即兴创造能力。

（一）体态律动

体态律动即由音乐带领身体做出相应反应的练习。学生在教学活动中常通过身体，即兴做出动作来表达自身对音乐的感受和态度。体态律动部分是达尔克罗兹音乐教育体系中最著名的部分，效果也是最好的。

1. 内容

达尔克罗兹的学生埃塞尔·德赖维尔将体态律动部分的内容可归纳为以下五个方面。

（1）人体的基本节奏的运用

节奏训练是体态律动的中心。在节奏训练中，学生常用身体活动的自然动作进行练习。人体的基本动作包括拍手、队列行进、走、跳、跑、跃、单脚跳、摇摆、奔腾等。学生通过这些基本的节奏自行设计用以表现他们所听到的音乐的动作。这些动作是个体化、个性化的，原因在于每个学生对音乐的理解不同。

（2）音乐与身体各部分的配合

让学生了解各个肢体的功能，有助于学生充分运用肢体，并选择合适的肢体动作去表达所需表现的节奏或者乐思。例如，在音乐表现速度和音值的练习中，首先，教师用钢琴即兴弹奏，学生跟着音乐行进，用手臂打节拍，用脚踩出时值（走步代表四分音符，跑代表八分音符，一步一弯腿代表二分音符等）。接下来教师不断变换"弹奏术语"，时而渐强或渐弱，时而渐慢或渐快。学生则按教师即兴演奏的形式和结构变换自己的肢体动作。

（3）头脑和身体间的协调与动作的控制和反应

头脑的反应和动作是相互作用的。训练一开始一般都是即兴的，旨在让学生的头脑始终保持警觉，并在训练中不断改变要素，快速思考并灵敏地通过肢体做出反应。学生通过训练不仅可以提高对肢体动作的控制能力，而且能提高大脑的反应能力。

（4）时间、空间的控制与练习

为了避免学生在活动时相互间不发生冲突，体态律动学很重视活动场地这一因素。在练习中，学生最初进行慢速训练，然后逐渐加快速度，直至真正感受到自由自在的活动。例如，让学生随音乐的进行跑到教室的一个角落闭上眼睛，听到口令后立即返回的活动可以培养学生对音乐分句的感知觉能力和理解能力。

（5）适当进行放松活动

教师要切记任何一个活动都不能过长，要适当放松学生的精神，或者也可以寻找一个能让学生处于安静的状态，还能引发其好奇心的方式进行练习。例如，可以让学生闭上双眼欣赏一段柔和的乐曲，并观察学生的身体有没有放松下来，还可以让他们用最舒服的姿势躺在地上。这种极简单的放松运动体态的律动在乐理知识的教学中发挥了重要的作用。体态律动可以使学生乐于接受，同时也可以提高学生的创造能力与协作能力。

2. 体态律动的教学特点

体态律动一般都是以音乐为起点。教师先让学生聆听（所有的练习都是与练耳结合起来的），然后让学生的肢体跟随音乐进行运动，并与音乐的各要素进行接触。这种做法一般是通过游戏展开的，以听音乐和听教师的即兴演奏为主，通过教师的即兴演奏引导学生做出即兴动作。教师在教学中应把握好活动的松紧，管理好课堂的秩序，充分发挥学生的积极性，全面发展学生的音乐才能。体态律动教学强调发现式的教学原则，要求教师用最简洁的语言，尽力创设情境，让学生自己去尝试、发现知识，而教师不必多做解释和说明。

3. 体态律动的主要目标

教师在体态律动教学过程中，应先让学生在训练过程中学会用身体的感觉去感受和理解音乐，再按照音乐的节奏、速度、力度、分句、情绪等变化，将身体当乐器，通过各种幅度和力度的动作重新表达所听到的乐曲。这样不仅可以为学生营造生动活泼的学习气氛，调动学生身心各方面的条件，而且能培养学生的乐感、节奏感、听觉记忆力，激发学生的表演欲望和想象力，增强其自信心，不断提高学生的音乐素质。笔者将体态律动的主要目标简单归结为以下五个。

①引导学生细致观察。
②引起学生的好奇心。
③锻炼学生灵敏的反应能力。
④使学生掌握全身心地集中注意力的方法。
⑤发展学生大脑与身体运动的协调性。

4. 体态律动在特殊教育中的运用

达尔克罗兹意识到了体态律动对具有特殊需要的学生的价值。他曾在巴塞罗那教一些盲人学生，运用特殊的练习发展他们对看不见的物体的空间知觉。

（1）发展触觉灵敏度和肌肉知觉的练习

达尔克罗兹先让盲人学生体会手臂肌肉神经的强弱与力度大小之间的关系，然后感受肌肉神经和动作之间存在着何种联系，最后通过自身灵敏度来表现力度的差异。

（2）发展空间感和肌肉感的练习

两排学生面对面，第一排的每个学生都伸出手臂，摸第二排学生的手掌，向后退一步，再向前迈一步，拍击后退时松开那只手掌……然后是两步、三步、八步、十二步等体态律动。这种教学活动在如今这个时代更趋于综合化。即兴的音乐活动和视唱练耳可综合运用教学实践和体态律动。三者之间相互影响，密不可分。

5. 体态律动与舞蹈的区别

很多舞蹈动作的设计都与体态律动类似，其动作和音乐本身是没有联系的。这样一来，之后的设计和教学就很容易走进严重的误区。国内外的很多学校都开展了体态律动，也有很多教师认为舞蹈和体态律动在一个分类之中，之所以这样想，是因为体态律动的设计出现了问题。

为了不将两者混淆，要对此进行简单的分析。从学科划分上来说，体态律动属于音乐学科下的音乐教育研究范畴，而舞蹈本身则是一门独立的艺术门类；从动作和音乐的关系上说，体态律动为音乐服务，而舞蹈中的音乐为动作服务，并且，两者对于动作的要求也不同，体态律动强调音乐起，身体动，音乐停，则身体停，而舞蹈的动作本身与音乐的关系不大，是按照故事情节的发展进行的。

6. 体态律动与音乐游戏

体态律动教学是瑞士音乐教育家达尔克罗兹首创的，研究者在音乐教育中研究更多的是对体态律动的动作设计。音乐游戏更多的是从德国奥尔夫音乐教育体系中体现出来的。奥尔夫本人也提出音乐教学活动的开展应遵循综合性、原本性、创造性等原则。需要注意的是，现在很多教师在课堂中只顾学生能够玩得开心、玩得尽兴，而忽略了音乐本体的教学。音乐教师只是把音乐内容作为一种表象在进行教学，这一点有悖于奥尔夫所提出的"整体艺术"思想。教师应该做到能让学生在玩乐中学习音乐，最终应能使学生更好地感受、体验、学习音乐。

（二）视唱练耳

视唱练耳教学在培养学生读谱视唱能力的同时，还要注重进行系统的听觉分析和训练，提高其在旋律、节奏、和声、音乐风格等方面的能力与技巧。

1. 视唱练耳教学特点

在视唱练耳的教学中，主要的教学手段是固定唱名法。

视唱练耳教学内容主要有以下几个方面：①对各种和弦与和声片段的听辨、

记忆；②对单一调性和多调性旋律的听辨和记忆；③音高及其音色感、关系感；④音乐听写和乐曲创作；⑤即兴视唱和看谱视唱。

在达尔克罗兹音乐教育体系中，体态律动与视唱练耳之间存在联系且密不可分，因此，可以在视唱练耳中展现体态律动。达尔克罗兹相信通过两者的结合可以更好地帮助学生培养音感，发展学生对音乐的记忆力，从而提高学生的听觉能力。

2.视唱练耳教学的发展

如今，欧洲许多国家都已广泛使用首调唱名体系，所以，达尔克罗兹的教学以及目标和内容也发生了变化，以至于现在的教学活动中还吸收了柯达伊教育体系的一些方法。

（三）即兴创作、表演

达尔克罗兹的即兴音乐活动工具包括各种乐器、动作、故事、歌曲、语言等，通过音高、和声、音阶和节奏等材料，成为独具个性和极富想象力的即兴音乐创造，不仅体现了音乐艺术的本质，而且表明了即兴创作、表演能力是人类具有的最高层次的创造能力。

在即兴的音乐活动中，律动课和视唱课的内容都是可以用于即兴课的教学中的，其活动伴随着音乐学习的整个过程与环节，是培养想象力、创造性的重要教学实践活动。从某种意义上来讲，所有音乐表演都需要表演者具有一定的即兴创造能力。即兴音乐活动的目的在于，使儿童快速进入状态，吸引儿童的兴趣，将自然、自发的情绪显露出来，充分发挥其想象力。

第二节　柯达伊音乐教育体系

一、柯达伊音乐教育体系的基本理念

佐尔坦·柯达伊是匈牙利作曲家、民族音乐理论家、音乐教育家，1904年获得作曲专业的毕业文凭，1905年获得德文教师资格证书，1906年以《匈牙利民间歌曲歌词结构》为题的论文获得博士学位，1907年至1940年担任李斯特音乐学院作曲专业的教师，1925年开始关注青少年音乐教育。他为学校音乐教育使用的各种教材写了上千首歌唱与读谱的小型音乐作品。

进入教材的上千首小型音乐作品，柯达伊的有关音乐教育改革的文章、评论、讲话，与柯达伊领导下的众多优秀作曲家、教育家、教师在实践中共同努

力创造的教学方法，被国际音乐教育界统称为"柯达伊音乐教学法"。

（一）柯达伊音乐教育思想的形成

柯达伊音乐教育思想的形成不仅离不开柯达伊的音乐创作理念，也离不开具有音乐教育革新精神的前辈。

①柯达伊的音乐教育理念关系着他的音乐创作信念。在他看来，民歌只有回归人们的生活中才能得以延续，才能成为人们朗朗上口、不断传唱的音乐作品。而只有通过音乐教育才能实现这一目标。于是，作为作曲家的柯达伊开始关注音乐教育，系统思考音乐教育的哲学与实践层面的问题，探讨音乐教育的最佳方案。

②其他欧洲音乐家、音乐教育家也在一定程度上影响着柯达伊的音乐教育思想。例如，对于英国柯尔文创立的用于帮助儿童理解音级之间高低关系、调式音级倾向的手势，柯达伊不仅直接采用，而且把抽象的音高关系用直观形象表达的这种思想贯穿于音乐教学的始终。

（二）柯达伊音乐教育的基本理念

1. 强调音乐教育与人的全面发展

柯达伊认为音乐应该是适合每个人的，并且在文化的发展中起着至关重要的作用。他在《我们的音乐教育改革》中也曾经说过：音乐是一种精神力量，它不是少数人才能享受的，也不独属于少数人的财产，而是每个人的音乐，是所有受教育者的公共财产，是最高的理想。因此，柯达伊将音乐扫盲作为其实现理想的第一步，目的在于向所有人普及音乐的知识。

2. 民歌是音乐教育的基础教材

对匈牙利历史与社会的长期深入考察，使柯达伊体会到音乐教育不仅是培养合格的听众乃至专业音乐人才，而且是培养熟悉和热爱本国文化的社会成员的重要途径。

匈牙利普通学校的音乐教材中有大量民歌。这些歌曲往往配有精美的图片、生动的故事，旨在激发儿童的学习兴趣。对于这些歌曲的演唱，演唱者往往会根据歌曲内容设计对唱、轮唱等多种歌唱形式，还会配以既传统又幽默的动作进行歌曲的表演。以上这些做法贯彻了柯达伊"民歌是音乐教育的基础教材"的理念。柯达伊强调，没有任何一个杰作能够代替传统的作用，所以民歌必须成为每一节音乐课的一个部分，以便延续传统。他说："如果每一代人都不能很好地继承传统的话，我们祖先的文化不久将要消失，文化是不能自动永存的，我们正是在为此而工作。"当然，随着儿童音乐经验的积累和知识的增长，在熟悉、热爱本民族民间音乐的基础上，教师可以逐渐增加其他国家、其他民族民间音乐的学习内容。只有熟悉自己的，才能更好地理解别人的。想要理解其他民族的音乐，其前提是理解本民族的音乐。

3. 音乐教育要及早开始

以柯达伊发表的《音乐在幼儿园》一文为标志，他开始进行幼儿园的音乐教育改革，并不遗余力地倡导"音乐应及早开始"的理念。他强调婴儿期和3～7岁年龄阶段是受音乐教育最重要的阶段，在两这个年龄阶段，音乐教育如果被损害或被疏忽，将来不仅很难补救，而且会影响人的一生。所以，柯达伊的音乐教育体系不仅体现了人本思想，而且以早期的音乐教育为基础。

4. 歌唱是音乐教育的基础

1929年，柯达伊在《儿童的合唱》一文中指出，只有以歌唱为基础的教育形式才能使音乐得以普及，毕竟器乐只是少数人的事。

歌唱是音乐教育基础的理念背后对音乐教育价值与本土条件的考量。柯达伊认为，音乐教育的价值或目的不是传播专门名词和概念，而是实践。教师必须帮助学生学会唱、读和写他们所听到的旋律。柯达伊所持的音乐教育实践价值观促使他重视音乐的演唱、演奏等音乐表演方式。而匈牙利比较落后的经济条件，让柯达伊在选择音乐教育制作类型时毫不迟疑地选择了演唱而非演奏。

不过，柯达伊所说的歌唱的实质是合唱或合唱中的歌唱。柯达伊还强调合唱的关键不是技术，而是灵魂、精神。

5. 唯有好的音乐作品才可以作为音乐的教材

柯达伊认为，儿童的纯洁心灵是神圣的，所以，教师必须将经得住考验的真正艺术给予他们。如果教师将坏的东西播种下去，就将毒害他们的心灵直至终生。然而，他也觉察到音乐教育理念与行为的落差，体会到提出或会说理念是一回事，践行理念是另一回事。所以，他呼吁："我们的确在理论上承认，只有最好的才最适合于儿童，但是在实际中却常常忽视这点，以为任何东西对孩子都是合适的……"针对传统匈牙利学校音乐教材中充斥着质量不高的音乐作品的现象，柯达伊指出："如果需要什么新的创作作品，应该让有足够才能和资格的作曲家去写作，正如我们不可能自己给孩子们制作皮鞋一样。制作皮鞋由懂行的工匠去完成，而编写音乐教材、创作儿童作品则应由有才能的作曲家来完成，不应由知识浅薄的人来写作。……在我们允许儿童歌唱这些作品之前，必须保证它们经得住严格的批评，并且站得住脚。"自柯达伊以来，尽管学校使用的音乐教材都是由有经验的专家们编写的，但是在出版之前仍然要经过科学院的理论研究和专家的审查评估，以防有任何不合逻辑、不好的东西在其中。这种严格的教材审查制度在匈牙利一直延续至今。

二、柯达伊音乐教育体系的教学手段

柯达伊音乐教育体系中主要使用以下五种音乐教学手段：首调唱名唱法、节奏读法、字母谱、手势、固定音名唱法。根据我国音乐教育的现状，笔者主要介绍前面四种。

（一）首调唱名唱法

首调唱名唱法，俗称移动 do 唱法，即每个大调的主音都唱 do。首调唱名体系突出的优势是使变化音级的概念变得简单，进而使烦琐复杂的调性关系变得简单明了。在柯达伊使用的首调唱名体系中，首调音级字母为 d、r、m、f、s、l、t，完整写法为 do、re、mi、fa、sol、la、ti。当使用临时升降记号时需要改变元音的发音，如升高半音的 fa 唱成 fi，降低半音的 ti 唱成 ta，其他变化音级的唱法以此类推。

（二）节奏读法

柯达伊音乐教育体系中使用法国人约瑟夫·契夫所创立的节奏读音体系。节奏读音体系是指采用象声词的形式，使音乐中各种时值的节奏都有一个相对应的音响，从而形成节奏的读音体系。其优点是在音乐学习之初，不是让儿童认知四分音符、八分音符、全音符等音乐概念名称与抽象时值，而是从最接近儿童生活的节奏与对节奏的声音表达入手。

（三）字母谱

字母谱是指用唱名辅音字母来表示音高的乐谱。唱名辅音字母为 d、r、m、f、s、l、t；表示高八度音时，在字母的右上角加一短撇；表示低八度音时，在字母的右下角加一短撇。字母谱具有以下作用。

1. 作为五线谱学习的铺垫

对低年级的小学生而言，读谱教学直接从五线谱进入太抽象，学生难以应付。当五线谱只出现节奏谱，音高部分用字母谱替代时，读谱的抽象性减弱。学生也能将其心理能量能主要用音准与嗓音流畅上，而不是认谱上。

2. 作为替代简谱的一种简易音乐谱

由 d、r、m、f、s、l、t 组成的字母谱来自歌唱的读音，所以当儿童读由字母谱构成的简易谱时，没有视觉与听觉的转换，比读中国的简谱还容易。中国的简谱是由 1、2、3、4、5、6、7 七个数字构成的，使学生容易将 2 唱成 r、将 3 唱成 m 等，是具有视觉与听觉之间的转换环节的。

3. 作为建立音级关系、调式概念的重要手段

当字母谱竖写时，听觉音高就有了视觉高低的形象。这种视觉直观形象能帮助儿童理解音级的顺序，音级之间的高低、大小关系，从而有助于其掌握音准与调式。

（四）手势

柯达伊音乐教学体系中使用的是柯尔文手势。

1. 柯尔文手势位置

柯尔文手势是指通过手的姿势与位置变化来表达音阶中音级的高低关系与调式倾向。

柯尔文手势有一个相对的位置标准，例如：do 的手势位置大概在小腹高度，re、mi、fa 的手势位置依次上移，到 sol 时，其手势位置大概与眼睛位置平齐，la、ti 再依次上移。

2. 手势的作用

（1）为音级的听觉高低概念提供视觉空间的类比

手势给听觉上高低不同的音级提供了视觉上的类比，使抽象的音高概念形象化。

（2）是音程练习的手段

音程练习的方式多样。例如，教师给出一个音高与这个音的手势，然后给出第二个音的手势，请儿童找到音程感，唱出第二个音。又如，教师给出标准音，然后用 la 声唱出二度到八度之内任何距离的音程，请儿童用手势把音程表示出来。

（3）是二声部练习的手段

当教师的双手分别做不同的手势时，每只手指挥着一个声部，儿童就可以进行二声部的歌唱练习了。柯达伊专门为训练二声部所写的教材《让我们准确地歌唱》就是供教师用手势指挥，引导儿童进行二声部协调、音准训练的练习材料。

（4）是同主音转调练习的手段

当教师与儿童伴随着手势歌唱五声音阶"do、re、mi、sol、la、do'——do'、la、sol、mi、re、do"后，保持do的音高，教师在do的手势转换为re的手势，从而进入以re开始的五声音阶歌唱。以此类推，学生就可以完成所有音级上的同主音不同调式的转换练习。

三、柯达伊音乐教育体系中有关幼儿歌唱教学的要点

（一）按照准确音调歌唱

如果具备以下几个条件，按照准确音调歌唱对于幼儿来说不是难事。

①教师应选择适合幼儿智力和身体发展程度的音域的短小歌曲进行教学。所选用的音乐材料即便节奏类型合适、速度合适，旋律音域过宽也会产生不好的音调。音域合适的旋律主题易于听、便于模仿。

②教师应使幼儿在合适的音高上歌唱。幼儿园小班应选择d^1—b^1音域，中班应选择d^1—c^2音域，大班应选择d^1—d^2音域。匈牙利音乐教室普遍没有钢琴，所以教师必须用音叉把歌曲的音调定于所规定的调性高度。选择在合适的音高上歌唱是培养幼儿良好乐感的重要原则之一。

③教师要为幼儿提供具有准确音调、正确发音吐字和带有愉快情绪的范唱。在教学过程中，教师在鼓励幼儿歌唱的同时，要注意控制、约束幼儿的音量。对幼儿歌唱的要求：适中的音量、准确的音调、清晰的吐字与有简单的伴随动作。

（二）校正幼儿错误的歌唱音调

初进幼儿园时，幼儿来自不同的音乐环境，具有不同的音乐能力与接受水平。幼儿歌唱音调不准的原因大致有以下几个：第一，缺乏歌唱练习；第二，害羞的情绪抑制了幼儿的勇气，使他们不敢唱出声音；第三，一些幼儿的声音低沉或音色特殊，他们因为和别人的声音不一样而不敢歌唱；第四，一些过于自信的幼儿可能会唱得太高、太响，所以可能听不到他们自己唱得和别人不同；第五，生理原因。针对这些问题，教师让幼儿感觉放松的前提下的个别示范与手势提醒音高可能是比较有效的方法。

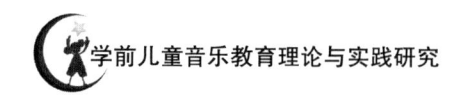

第三节　奥尔夫音乐教育体系

一、奥尔夫音乐教育体系的基本理念

卡尔·奥尔夫是德国作曲家和音乐教育家。奥尔夫在1913至1914年间就读于慕尼黑音乐学院；1915至1919年间在德国任剧院乐长，1920年起定居于慕尼黑，进行创作与教学；1924年与舞蹈家军特合作，在慕尼黑创办了一所体操音乐舞蹈学校；开发了具有原始风格的、富有表现力和主动精神的新型音乐教学，即"原本性音乐"教学；1926至1935年，在凯特曼的协助下，设计出奥尔夫乐器，编写教材；1961年成立奥尔夫学院，建立第一个奥尔夫教学法研究和培训中心——世界性的奥尔夫音乐教育国际中心。

早在20世纪20年代，奥尔夫就提出了奥尔夫音乐教育体系。20世纪初，达尔克罗兹的音乐思想和著作在全世界广为流传。其体态律动的理论影响了奥尔夫，于是他和舞蹈家军特一起创办了"军特学校"，将音乐和舞蹈结合起来，开创了全新的节奏形式和动作探索实践。节奏是军特学校在音乐训练中的重点，奥尔夫在借鉴东方古乐器的基础上，设计了一套具有节奏性的乐器，即"奥尔夫乐器"。这种新的节奏教育也是奥尔夫教育体系中的一大特点。音乐教育部门的专家也开始关注军特学校的教学，而且要在柏林的小学中进行大规模的试验。由此奥尔夫也萌发了一种想法，那就是对儿童进行教育试验。随着认知度越来越高，奥尔夫在接受巴伐利亚州电台儿童音乐栏目的邀请后，写出了与军特学校唱片极为相似的乐曲，并将它放到在电台进行播放。这代表了奥尔夫在儿童音乐教育试验的展开。伴随五卷《学校音乐教材》的出版，奥尔夫的教学思想逐渐得到完善，同时其教学体系也由此形成。后来，奥尔夫教学法对世界音乐教育产生了重要影响。奥地利的莫扎特音乐学院还成立了奥尔夫学院，很多国家地区的学生开始在奥尔夫学院学习奥尔夫法。

奥尔夫音乐教育体系的核心思想是"原本性音乐"。理解了"原本性音乐"的内涵，也就理解了奥尔夫音乐教育体系中"原本性音乐教育"的内涵。

（一）原本性音乐的内涵

原本性音乐是什么？奥尔夫先从它不是什么着手，然后解释它是什么。在奥尔夫看来，原本的音乐绝不只是单纯的音乐，而是和动作、舞蹈、语言紧密结合的一种音乐，是人们必须参与其中的一种音乐。

综上所述，奥尔夫所指的"原本性音乐"是与动作、舞蹈、语言密不可分的综合性音乐，是人们不再是被动听众，而是作为演奏者参与其中的一种实践活动，是形式微小但具有浓郁即兴意味的一种创造性活动。

（二）原本性音乐教育的内涵

针对奥尔夫本人对"原本性音乐"的解释，笔者把"原本性音乐教育"的内涵具体表述为以下五个方面。

1. 原本性音乐教育是融音乐、舞蹈、语言为一体的综合艺术教育

在奥尔夫看来，原本的音乐绝不只是单纯的音乐，而是密切联系动作、舞蹈、语言的一种音乐。换句话说，融音乐、舞蹈、语言为一体的艺术是最接近自然的、最原始的人类状态。鉴于此，奥尔夫强调只有让儿童通过接受融唱、奏、动、说为一体的综合艺术教育，才能让音乐触及儿童的内心深处。

2. 原本性音乐教育是强调即兴的创造性音乐教育

奥尔夫认为，原本性音乐不是智力的而是先于智力的，即它不是什么大型的形式、结构，而是小型的序列、固定音型和回旋曲式。因此，原本性音乐教育应当从游戏入手，再通过即兴达到它的目的。

3. 原本性音乐教育是实践活动

在奥尔夫看来，原本性音乐是人们必须参与其中的一种音乐实践。与之相对应，原本性音乐教育就是儿童必须参与其中亲历音乐实践的音乐教育。

4. 原本性音乐教育是本土化的音乐教育

奥尔夫强调音乐教育要从儿童出发，从儿童所熟悉的语言、文化、环境出发。换言之，在音乐教学中，教师要使用符合本民族、本地区民族传统和民族习惯的音乐素材。这样做不仅有利于儿童的学习和成长，而且有利于本民族文化的传承和发展。

5. 原本性音乐教育是面向全体儿童的音乐教育

奥尔夫强调原本性音乐是每个人都可以学会的。完全没有乐感的儿童是罕见的，几乎每一个儿童都可以被音乐的某一点打动。所以，原本性音乐教育不是面向已突显音乐才能的儿童，而是面向全体儿童。所有儿童都或多或少地在音乐上有潜质。音乐教育的功能不是堵塞源泉、压制潜能，而是找到开发每一个儿童音乐潜质的通道，使所有的儿童都接受好的音乐教育。

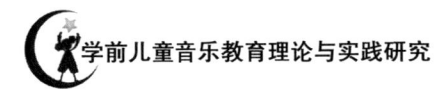

二、奥尔夫音乐教育体系的教学手段

（一）语言

儿童的语言发展早于音乐发展。在音乐教学中使用语言旨在以儿童已经会用的语言符号作为感受音乐符号的参照，使语言成为儿童与音乐之间的一座桥梁。

1. 从姓名开始的节奏朗诵

奥尔夫音乐教学活动往往会从围坐着的一群儿童自报名字开始。自报名字一方面旨在使儿童认识彼此，另一方面使教学活动自然地向有节奏地念白的音乐任务方向进行。有节奏地念名字往往又从教师开始，教师给出有节奏地念名字的节奏型，以便儿童模仿。当儿童能自如、有节奏地念自己和伙伴的名字后，教师会把节奏朗诵推向儿童热衷的动画片角色、小动物等的名字上。

2. 儿歌、童谣朗诵

当儿童能自如地为自己的名字、各种动物的名字、交通工具的名称等说出韵白后，就可以进入儿歌、童谣的多声部节奏朗诵与演奏了。另外，在弱起拍歌曲的学唱环节，教师往往也喜欢从歌词韵白和动作入手，即先让儿童有节奏、有动作地念歌词，然后才进入歌唱环节。

3. 语气词表现

在日常生活中，儿童已经积累了许多表达情绪的表情与语气，这些表情与语气的表达和音乐中情感、情绪的表现是同质的。把儿童的这些日常生活经验以"润物细无声"的方式提炼成音乐经验，是语气词练习的价值所在。让儿童表现语气词一般可以从以下步骤着手。

"哭""叹气""高兴""哈哈大笑"等情绪表达是儿童日常生活中经常要用的。教师通过图片或视频的方式，让儿童观看其他人对这些情绪的表达，从而激发儿童的兴趣去表达这些情绪。

4. 嗓音的声响、语调表现

利用人的嗓音表现环境中的声响、生活中不同人的语调有助于音乐中的情感表达。儿童常用动作、脸部表情来表现音乐中的内容。这是音乐表现中的一个重要部分，但不是全部。另外一部分是嗓音表现或声音表现。为了使儿童在歌唱中具有声音表现力，在歌唱之外，教师可以让儿童做一些与儿童日常经验相关、儿童容易理解的嗓音游戏。

（1）对环境中声响的有节奏模仿

①对自然界声响的有节奏模仿，如各种风声、雨声等。

②对各种动物叫声的有节奏模仿。

③对各种武器声的有节奏模仿。

（2）对故事中不同角色的语调表现

在奥尔夫音乐教育体系中，教师选择的故事往往是角色间音区或音质对比强烈的，如小动物与小动物长辈之间的声音对比，温柔的小动物与凶猛动物的声音对比。下面为这类故事的两个范例。

故事一：金发姑娘与三只熊

在树林中的小屋里，住着熊爸爸、熊妈妈与熊宝宝。一天，熊宝宝一家三口出去散步，家里来了一位金发姑娘。她敲了敲门，发现没人，就在里面又吃又闹，而且睡着了。很快熊宝宝一家三口回来了。

"是谁吃了我的稀饭？"（低的声音）熊爸爸说。

"是谁睡了我的床？"（中的声音）熊妈妈说。

"哎呀，妈妈，有人已经摔坏了我的椅子。"（高的声音）熊宝宝大声喊着。

金发姑娘醒了，她推开三只熊逃了出去。

"再见，再见！"（低的声音）熊爸爸说。

"再见，再见！"（中的声音）熊妈妈说。

"噢，妈妈"（高的声音）熊宝宝说。

故事二：三只小猪

三只小猪长大了，开始自己造房子独立生活了。

第一只小猪贪方便，用稻草造了他的房子。

第二只小猪的房子比稻草房坚固一些，它是用木条造的。

第三只小猪花了很多时间，用砖头造了他的房子。

一天晚上，那只最喜欢吃胖乎乎小猪的大灰狼来了。他看到第一只小猪在他的稻草房里。他喊道："小猪，小猪，让我进去。要不然我吹气把你的房子吹倒。"

第一只小猪说："我不怕你。"

但是，那只大灰狼真的吹倒了稻草房，吃掉了第一只小猪。

然后，大灰狼来到了木条房前，他喊道："小猪，小猪，让我进去。要不然我吹气把你的房子吹倒。"

第二只小猪说："我不怕你。"

但是，那只大灰狼真的又吹倒了木条房，吃掉了第二只小猪。

最后，那只大灰狼来到了砖头房前，他大声喊道："小猪，小猪，让我进去。要不然我吹气把你的房子吹倒。"

第三只小猪说："我不怕你。"

这一次，那只大灰狼吹啊吹，却怎么也吹不倒砖头房。

在上述《金发姑娘与三只熊》和《三只小猪》的故事中，熊宝宝与小猪的声音是需要儿童着重模仿的，那是尖声、嗲声嗲气的声音，可以充分发挥儿童头腔共鸣的优势；熊爸爸、熊妈妈以及大灰狼的发声要求模仿者做到胸腔共鸣，这对儿童来说有一定难度，所以只要求儿童有模仿意识就行，不要强行要求儿童模仿得像。

（二）动作

动作除了是感受、理解音乐的参照物之外，还内含音乐标准。儿童的节奏感是通过身体动作来获得的，也是通过身体动作来衡量的。自达尔克罗兹创立体态律动学以来，通过动作进入音乐学习越来越成为一项不成文的音乐教学"制度"。

1. 律动

律动指人类的日常随意动作与所有模仿性动作。随意动作如行走等动作，模仿性动作如模仿动物、模仿劳动等动作。这类动作是儿童已经具有的。奥尔夫音乐教学中经常会将律动当作儿童学习一个新的音乐作品的敲门砖。

2. 集体舞

集体舞是舞蹈的一种。舞蹈的身体动作比律动更具美感、技能。作为音乐教学手段的身体动作并不要求达到舞蹈的高度。律动层面的身体动作更符合儿童音乐学习的特征。舞蹈中的集体舞是最受儿童青睐的，原因在于集体舞所具有的独特性：第一，集体舞使用的动作几乎都是律动层面的，简单而又生活化；第二，集体舞有队形、有舞伴，与舞伴发生的眼神、肢体交结是人类最需要的情感交流，是儿童尤为迷恋的。

作为感受与理解音乐的手段，集体舞中不同段落的不同动作编排、段落与段落之间的队形变换，能让儿童在简单的动作表演中、在快乐的人际交流中，体会集体舞音乐的曲式、句式与节奏。

3. 声势

在奥尔夫音乐教育体系中，声势有两种类型：身体打击声势与嗓音声势。身体打击声势是指以人体为天然乐器，以捻指、拍手、拍腿、跺脚等方式发出不同的声效的声响。嗓音声势是指以喉咙为天然乐器，发出声效的模拟化声响。

声势的基本类型有拍手、跺脚、拍腿与捻指。除了这四种基本类型外，声势还包括拍头、肩、肚的拍系列，嘴上发声的口技系列等类型。

声势的拍手、跺脚、拍腿与捻指四种类型构成声势的四声部，因而也具有身体打击合奏中四声部的功能。

拍手：声音明亮、清脆，容易操作。在合奏中，利用拍手往往可拍出节奏鲜明、韵律感较强、难度较大的节奏声部。

跺脚：声音比较低沉，在动作操作中使用频率低。在合奏中，跺脚的节奏不宜过密和复杂。

拍腿：拍腿的声音不够突出，容易操作。在合奏中不可将之单独用在重拍上，如果使用会使节奏重音不突出。

捻指：音量小、声音高，有操作难度。在合奏中，一般不宜用在重拍及复杂而快的节奏中。

（三）演奏

在奥尔夫音乐教育活动中，一般将儿童的打击乐演奏放在活动的后面部分。活动往往开始于指向打击乐演奏的语言朗诵、十六宫格、图谱、声势等。这些教学铺垫手段旨在给出音乐符号的参照，使音乐变得简单而有结构。声势在上面的内容里已经被提到过，下面着重阐述为进入打击乐演奏而进行的十六宫格、图谱等教学铺垫手段。

①十六宫格。十六宫格是指由横竖各四个空格构成的一张表格型挂图。在每一空格内可以填进图片或音符，如填进图片，十六宫格就变成图谱；如填进音符，十六宫格就变成节奏谱。

②图谱。图谱是指用形象的图形表达乐谱的一种手法。在演奏打击乐之前，为了使儿童能具体直观地感知音乐，教师往往会使用图谱这一教学手段。

（四）演唱

奥尔夫音乐教育体系在歌唱手段的使用上比较多地吸收了柯达伊音乐教学法中的精华，如使用柯达伊音乐教育体系中五声音阶、字母谱等。

奥尔夫音乐教育体系对歌唱教学中的儿童与教师有一些要求，具体如下。

1.奥尔夫音乐教育体系对儿童参与歌唱活动时的要求

①歌唱的声音不要太大。

②不要在太低的音域内歌唱。

③经常频繁地在自己唱和与他人唱、有伴奏和无伴奏之间转换。

2. 奥尔夫音乐教育体系对教师的要求

①由于教师的嗓音将被儿童模仿，所以教师要对歌唱中的呼吸、发音、支持和表现等有意识。

②在歌唱教学之初，教师应该让儿童进行音高鉴别、音色对比与乐句长短鉴别等活动。

③对音乐教学中的读和写活动要从身体动作游戏和对声音的图示描绘开始。

④在歌唱阶段不要求儿童演奏乐器，但教师可有意识地使用教室内的乐器为歌曲伴奏，以激发儿童后续演奏的欲望。

三、奥尔夫音乐教育体系的教育原则

（一）一切以儿童出发的原则

奥尔夫教学法的首要原则就是一切都要以儿童为出发点。奥尔夫教学法将音乐舞蹈、美术、戏剧和诗歌等进行了融合，强调将真、善、美的精神通过音乐传授给儿童，使音乐达到陶冶情操、净化心灵的作用，让他们真正实现全面发展。

（二）集体参与性的原则

奥尔夫强调应当将复杂枯燥的理论知识简单化，使学生在玩乐中学习，这样能够更好地激发儿童学习音乐的兴趣，并对其表现力和自信心的增强具有重要意义。

（三）从感知入手进行教学的原则

要想寻求音乐进一步的发展，就要回归原始。因此，奥尔夫音乐教育体系给人一种从感知入手，回归自然的感觉。因为，它要求学生在音乐游戏中即兴演奏，能够自然而然地用音乐表达自己的情感；要求学生先知道怎么做，再去想为什么要这么做。

（四）注重创造力的培养原则

奥尔夫认为，学生并不完全是作为听众存在的，学生要有参与的意识，并且还要作为演奏者参与到音乐活动之中。他提倡让孩子亲身体验，毕竟只有自己经历了才能产生创造的欲望。奥尔夫教育体系的研究者表示，音乐学习的过程由四个阶段构成，分别是探索、模仿、即兴和创作。以感知为起点，让儿童探索并发现各种动作产生音响的可能性；接着让儿童进行模仿，以此来发展儿童的基本技能；在熟练应用技能后就是即兴创造的部分了。教师在运用奥尔夫教学法时，不会去专门教授某一项技能，而是用已有的教学手段和方法鼓励学生充分发挥想象力和即兴创作的能力。这都是因为，无论是在形体动作方面、声势节奏方面，还是在打击乐器弹奏方面，儿童的音乐学习活动都应该被算作即兴的活动。

四、奥尔夫音乐教育体系的教育内容

奥尔夫音乐教育体系的基本教学内容可分为三方面：动作练习活动、嗓音训练活动和乐器演奏活动。在实际教学中，教师会时常将这三方面时常会有机地结合在一起，但有时也会展开其中单独的一种活动。

（一）动作练习活动

用人的身体动作开展音乐教学的活动被称为动作练习活动，主要包括舞蹈、指挥、戏剧表演、律动和声势活动等。其中，奥尔夫音乐教育体系在教育内容方面的一大独创就是声势活动。它是通过简单的身体动作而发出有节奏的声音的一种活动。这些简单的动作有拍手、跺脚、拍腿等。

声势活动教学开展的形式非常多，最为常见的有以下几种。

①即兴为所听歌曲制造声势。

②即兴为语言朗诵制造声势。一般采用的是当地儿童熟悉的童谣。

③教师为提问学生即兴制造声势，学生则用即兴声势回答或者进行重复模仿，也就是我们所说的"回声"。如下面的情况：教师改变第一、二小节的节奏，用声势向学生"提问"；教师演示节奏声势，学生进行模仿练习；学生改变第三、四小节的节奏（即兴创作），用声势作答；声势活动也可以是单层次或多层次的组合练习（方法同语言朗诵练习）。

④"卡农式"的节奏声势活动。"卡农式"的节奏声势活动，虽然可以让学生按上述节奏谱练习，但在教学活动中，教师常常不将节奏谱板书出来，而完全让全体学生模仿教师或模仿某一学生来进行"卡农式"的节奏声势活动。

（二）嗓音训练活动

用人的嗓音开展音乐教学的活动就叫嗓音训练活动，主要包括极富节奏性的语言朗诵活动与歌唱活动。其中，奥尔夫音乐教育体系在教学内容方面的一大独创就是极富节奏性的语言朗诵活动。它是让儿童在体验语言节奏中获取音乐节奏要素的一种活动。儿童可以朗诵小诗、儿歌或童谣，也可以朗诵词汇或谚语。教师最好选择当地儿童都熟悉的儿歌或童谣等。

学生通过语言朗诵活动，可以从中提取出最基本的节奏元素。当学生熟悉这些节奏以后，还可以把这些节奏元素引入音乐教学活动的其他教学内容之中。

（三）乐器演奏活动

通过与乐器制造者合作，奥尔夫设计出包含固定音高和无固定音高的，以打击乐器为主的一整套乐器，即奥尔夫乐器。奥尔夫音乐教育体系又因此多了一大特色，那就是奥尔夫乐器演奏活动。这些乐器由于可以直接演奏且不需要专门的训练，所以是儿童很容易掌握的乐器。

奥尔夫乐器的色彩丰富，简单易上手，因此在一定程度上可以激发儿童的想象力，也为发展其创造能力和提高其即兴演奏水平提供了广阔的平台。人们用它既可以演奏比较复杂的多声部乐曲，又可以演奏旋律。并且它的配奏独具特色，多使用多声部织体和固定音型。

运用固定音型并构成多声部织体的配奏应注意以下三点。

①各种固定音型的音与乐器性能要相适合。

②组合起来的各种固定音型的节奏应相互补充支持。

③各声部同时发响的音在结构上应有主音、属音。

第四章　学前儿童音乐教育的课程教学理论与环境创设

幼儿园课程不仅可以实现教育目的，而且有助于幼儿获得有益的学习经验，从而在一定程度上促进幼儿的身心全面发展。在学前教育课程体系中，音乐教育课程是必不可少的。该课程是实现审美教育目的、落实音乐教育目标的具体手段，通过情感的激发、陶冶和升华，培养幼儿健康乐观、积极向上的心理品质，促进其身心和谐发展。

第一节　学前儿童音乐教育课程概论

一、常规性音乐活动

在学前儿童的音乐教育活动中，常规性音乐活动可以说是一种最传统、最常见的组织形式，它不仅能够充分体现音乐的艺术特点，而且能有效发挥音乐活动的审美教育功能。

通常来讲，常规性音乐活动包括以下三个部分。

（一）开始部分

从一开始，音乐活动就要具备音乐艺术美的特点，充分体现生动活泼、富有朝气的艺术科目特点，所以，幼儿园一般会播放音乐，让儿童伴随着音乐进入活动室，并根据音乐活动内容情绪的需要，利用律动曲和舞曲让儿童做律动，愉快地进入活动室。

儿童入座以后，教师可以让其做律动练习或听音练习。这样不仅让儿童做了节奏、发声、听音方面的训练，而且调动了儿童的学习积极性，集中了儿童的注意力。

对于儿童在开始部分经常做的节奏练习，教师可以采用"节奏模仿""人名节奏"等多种游戏形式和内容。除此之外，还有一个非常有趣的游戏——"人名接龙"。它的玩法需基于儿童对人名节奏的熟练掌握：儿童围坐成一圈或半圆形，第一个儿童有节奏地说自己的名字，第二个儿童紧跟着用不同的节奏说出自己的名字，这样依次进行，直到结束。这个游戏要求儿童在说的过程中节奏紧凑，速度保持一致，每个人必须说出与众不同的人名。教师也可以稍微变换一下这个游戏的形式，例如，让儿童依次说出别人的名字；还可以增加游戏的难度，如在男孩子和女孩子随机就座的情况下，请男孩子依次说出女孩子的名字，女孩子依次说出男孩子的名字。

发声练习是为了培养儿童的歌唱能力，使儿童能够更加准确、精细地控制自己的声音表情，通过有表情的声音来表达歌曲的情感，并能声情并茂地演唱歌曲。练习技巧并不是发声练习的主要目的。发声练习要按照儿童自身歌唱发声的特点，由浅入深、循序渐进地进行。发声练习要结合本次音乐教育活动中歌唱部分的内容，尽可能多地消除儿童表达歌曲情感的技术障碍，使儿童可以准确、流畅地表达歌曲的情感。与此同时，充满感情的歌声能够更好地陶冶和升华儿童的情感。

听音练习的目的在于培养儿童对音乐的精细、准确的分辨能力。主要采用的方法是教师在键盘上弹出单音、双音、和弦、旋律音程或乐句，让儿童听辨并跟唱。如果幼儿园的条件有限，没有键盘乐器，教师也可以用钟琴、钢片琴等有固定音高的节奏乐器来让儿童听辨单音，但一定要确保乐器的音准质量。听音练习不仅能够促进儿童提高音乐听觉能力，而且有助于儿童形成歌唱的音准和乐感。

听音练习还可以和视谱活动结合起来进行，即要求儿童不仅把听到的音唱出来，而且要在五线谱上指出来，或者自己在五线谱上写出来。"跳谱"游戏就是一种很好的形式：教师可以在活动室的地上画出较大比例的五线谱，或者做一张五线谱的地毯，在听音练习中请儿童唱出听到的音，并跳到五线谱的正确位置上去。类似的方法还有很多，例如，教师可以做出五线谱音符的小卡片，在听音练习中让儿童把听到的音找出来；或者做一些五线谱音符的头饰、围裙等。笔者不赞成把五线谱当成机械、枯燥的知识内容来教，但是五线谱毕竟是记录音乐、反映音乐的一种规范、有效、形象化的手段，五线谱的掌握无疑可以在很大程度上提高儿童音乐学习的效率和音乐表现的准确性。教师可以用游戏的方式，结合音高的听辨，将五线谱上一个个静止的音符和实际的声音效果联系起来。对儿童而言，不仅可以使其完全接受五线谱，而且会让其觉得它们是十分形象、有趣的。

（二）基本部分

一般来讲，教师在这一部分可以安排包括歌唱、欣赏等在内的2～3项音乐活动内容。总而言之，内容安排应丰富多样，既要防止内容单一，又要防止内容太多，把音乐活动搞成大杂烩，超出儿童的接受能力。活动形式的安排要注意动静配合，突出教学活动的重点，并使教学活动变得更加生动活泼，从而使儿童学习的积极性得到提高。

（三）结束部分

教师应尽量使活动在儿童兴致勃勃时结束，给儿童以一种欲罢不能之感，从而激起他们再上音乐课的愿望。通常来讲，结束部分可以利用基本部分的最后一项内容，既可以自然地结束，又能够以律动或舞蹈动作来结束。

毫无疑问，教学工作是极具创造性和艺术性的。学前儿童的音乐教育更不例外。学前儿童音乐教育课程的设计、组织和安排的模式不是一成不变的，而是无时无刻不处在发展、创新之中。虽然它具有灵活多变的形式，然而，它只依赖以下两点：一是儿童在音乐能力及认知、情感和社会性方面的一般特点和个别差异；二是音乐艺术自身的创作、表演、欣赏的规律。教师以此为出发点去选择教材、确定目标、设计方法才能做到有的放矢。

总而言之，在选择活动形式、组织教学内容时，教师应从儿童的能力和教学内容的实际出发，灵活运用多种活动形式，从而将不同的学习经验提供给儿童，而不要为了追求形式上的统一，只认定某一种单一的组织形式。实际上，形式本身并不能解决认识上的问题，受教育者的思想在一定程度上支配着活动形式的选择。教师首先要明白这种活动形式有什么教育作用，是否适合所制定的教育目标和内容，是否适合儿童活动的方式等。

二、教师必须加强教学准备工作

强调幼儿园音乐教育教学工作的生成性、灵活性和创造性，并不是说不要计划性。相反，这恰恰是对活动前的计划和准备提出了更高、更难的要求。只有当教师做到胸有成竹、准备充分，才有可能做到以不变应万变。

因此，要想顺利完成学前儿童的音乐教育任务，教师就必须合理地设计和组织每一次的音乐教育活动，在每一次的音乐活动中都要落实音乐教育的目标。

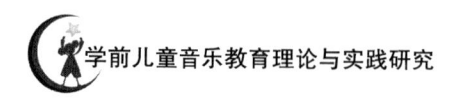

这就要求教师认真按照音乐的学科特点切实做好教学准备工作。

在日常的教育活动中，教师应该对儿童的实际发展水平、音乐能力等有所了解，不仅要熟悉本班儿童的一般情况，而且要掌握个别儿童的特点。教师必须按照音乐艺术实践的特点，通过反复的弹、唱、听等音乐表演实践来熟悉教材，进而对教材进行分析处理。教师必须牢记教材内容，并能准确、生动地背唱和熟练地自弹自唱。对于那些要求儿童去唱、去做的作品和动作，教师必须要十分准确、熟练地唱好、做好，并在此基础上深入分析作品的艺术表现力，准确、有效地处理作品，选择引导儿童参与和表现的最适当的切入点。教师还应明确教材的主题内容和教育意义，按照本班儿童在音乐能力和认知等方面的实际水平，确定教材的重难点，进而选择恰当的教育教学方法。

教师必须先熟悉教材，然后才能悉心备课，按照自身对教材的真实感受、理解和自己的特长，按照本园的场地、设备、资金等条件，按照本班儿童的实际发展水平，实事求是地设定每一次音乐教育活动的具体目标和要求，进而根据目标和要求确定具体的教育内容和教材，选择与目标、内容相适应的教育教学方法，并确定教育活动的重难点，制订一套周密、详尽的音乐教育活动计划。此外，在学前儿童音乐教育的教学准备工作中，教师还应当尽可能地根据儿童思维发展的年龄特点，按照每一首音乐作品自身的特点去布置场景、设置情境，从而丰富和加深儿童对音乐作品的感性认识。

三、教师在学前儿童音乐教育中存在的问题

整体而言，我国学前儿童音乐教师的素质得到了极大的提升，教师队伍日益年轻，专业素质日渐提高，教育观念也在日益更新。然而，学前儿童音乐教育教学中所反映出来的教师的问题也不容忽视。

有相当一部分从幼儿师范专科学校、中等师范学校，甚至高等师范学校毕业的音乐教师，都存在不同程度的音准、节奏等方面的问题。例如，有的教师在为儿童范唱时经常出错，缺乏音高感觉；有的教师不能正确为歌曲定调，有时候儿童唱的和教师的伴奏不在一个调上；有的教师节奏感不好，在弹伴奏时掌握不好节奏，令儿童无所适从；大部分教师在节奏练习中不注意节拍重音。其中，最突出的问题便是即兴伴奏的问题。大多数教师在即兴伴奏中没有正确的和声布局，主和弦一贯到底，甚至有的教师在为小调歌曲伴奏时，从始至终用的都是大调的主和弦，就更不用谈民族调式和声的色彩表现了。

除此之外，在情绪表现和艺术处理等方面，教师的演唱与演奏也缺乏一定

的艺术感染力。教师没有充分认识到音乐是一门声音的艺术，使用音响的质量较差，在听音乐的过程中随意关停，没有注意到音乐的结构和段落的完整性。

由于教师在音乐素质方面存在不足，所以他们缺乏音乐审美能力、审美趣味等。首先，在教材的选择上，教师往往没有考虑到音乐性，选择的大部分音乐教材在艺术上粗糙简陋，内容过于直白，风格单一，审美价值不高，很难激发儿童对音乐美的体会。其次，在教学要求上，教师将注意力集中在培养儿童的兴趣上，克服了过去刻板的技能训练倾向，这可以说是一个进步，然而，如果掌握不好分寸就可能会失之偏颇。

从目前来看，在音准、节奏、音色等方面，儿童都缺少应有的训练，儿童的歌声没有表现力。这样的歌唱活动也不具有情感教育意义。教师自身的音乐素质在很大程度上影响着儿童音乐素质的培养。试想一下，如果一个教师对音准、节奏、速度、音色等音乐表现手段缺乏敏感性，不能听辨出正误、优劣，那么他也就没有资格要求孩子纠正错误。

四、学前儿童音乐教师必须具备的音乐素质

一个好的学前儿童音乐教师必须具备的音乐素质包括以下三个方面。

①必须掌握足够的、准确的音乐知识，包括基本乐理、和声、歌曲作法等有关知识，并能充分理解和运用这些知识来对音乐作品进行分析、处理、表现和创作，能够深入浅出地将抽象概念转化为儿童能理解和接受的生动有趣的形象化的东西。

②必须具备演唱、演奏等音乐实践活动的能力，能够准确、生动地再现和创造音乐作品的艺术魅力。这不仅要求教师具备一定的演唱、演奏技巧，而且要求教师具备良好的音乐感觉。

③必须具备良好的音乐感觉。良好的音乐感觉是什么？尽管至今这个问题还没有一个统一的答案。然而，人们也不怀疑它的存在及其独特魅力。从最一般的意义上说，良好的音乐感觉首先依赖于敏锐的音乐听觉。

一个音乐教师只有真正具备这三个方面的素质，才有可能向儿童们体会到美好的音乐。

实际上，教师只有具备纯正的音乐趣味，敏锐的音乐感觉，才能真正挖掘和表现音乐艺术的美，才能真正激发儿童对音乐美的热情，才能真正胜任幼儿园音乐教师这一工作岗位。

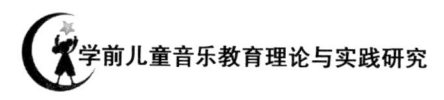

五、学前儿童音乐教育课程的设计

首先，教师要根据幼儿园的总体教育目标以及学前儿童的年龄特点和音乐能力发展水平，确定本学年、本学期、本班音乐教学的总体目标和具体任务。

其次，教师要根据幼儿园近期的教育主题和教学安排，确定本月音乐教学的具体内容和要求，围绕主题，选择与主题活动相关的、适宜的音乐活动教材。在满足主题活动要求的同时，充分尊重和考虑音乐艺术自身的客观规律和儿童音乐能力发展的实际水平，循序渐进地选择游戏、歌唱、律动、舞蹈、欣赏、表演、创编等多种形式的音乐教育活动，深入挖掘音乐艺术在主题教育活动中所具备的不可替代的、独特的情感教育、审美教育的功能，而不仅仅是从属的、"配菜"式或"拼盘"式的肤浅的、表面的教育功能，从而全面培养和提高儿童的音乐审美能力。

再次，教师要周密设计音乐教育活动的方法和具体内容。教学方法的设计思路有很多：既可以参考瑞吉欧的方案教学体系、多元智能理论等学前教育课程流派，又可以吸收奥尔夫教学法、柯达伊教学法等现代音乐教学方法，融会贯通地加以综合运用。特别值得一提的是，在学前教育课程越来越综合化的趋势影响下，音乐教育活动内容的设计既要充分考虑音乐与美术、语言等幼儿园其他教育活动内容的有机结合，又要注意这种结合是以不牺牲音乐活动自身的规律性和艺术性为前提的。这种结合应当是扬长避短、能够最大限度地发挥音乐艺术教育作用的最有效的结合，而不是不伦不类的、"拼盘"式的、四不像的活动。

最后，在正式开展每一个音乐教育活动之前，教师必须以文字形式在具体的教育计划中体现出音乐教育活动设计思路。通常而言，一个音乐教育活动计划必须包括这样几个部分。

①本次活动的教育目标。一个音乐教育活动计划通常既要有促进儿童发展的整体教育目标，如"培养儿童的合作意识""增进小朋友之间的团结友爱"等，又要有音乐方面的明确目标，如"能够大胆地演唱歌曲"等。

②教材分析。一个音乐教育活动计划不仅要分析教材在音乐表现方面的特点，而且要分析、确定教学过程中的重点和难点。

③教学准备。包括物质上的准备和非物质上的准备。像头饰、教具等都属于物质上的准备。非物质上的准备，包括教师在语言、社会等其他活动领域所做的知识、经验方面的准备等。

④教学预期。在课前，教师应该初步对活动有一个预期，最好能够清醒地认识到自己在教学过程中可能会出现的问题。这样，教师到了具体实施的环节就能做到胸有成竹、有备无患。这种教学预期和现在所强调的教学工作的生成性、灵活性之间是不矛盾的，相反，在本质上是一致的。只有教师在课前把工夫做深、做透，周密地考虑各种可能性，在面对千变万化时，才有可能做到以不变应万变，应付起来游刃有余。

六、学前儿童音乐教育课程实施需要注意的问题

学前儿童音乐教育课程的实施需要注意以下几个问题。

（一）改善教学条件

幼儿园必须改善音乐教学设施，配置必要的电教设备以及钢琴、键盘乐器、节奏乐器等。

在音乐教学的物质条件上，幼儿园不仅要增加数量，而且还要提高质量。由于音乐是声音的艺术，所以，音响器材的音质特别要准确、良好。

如今，很多幼儿园钢琴的音准和节奏、乐器的音色都差强人意。这意味着许多幼儿园还未能充分认识到音乐这一门声音艺术的特殊性。

（二）更新教育观念

学前儿童音乐教育课程不应仅仅传授单纯的知识和技能，还要注重儿童的内心体验和审美感受，用音乐本身去打动人、教育人，而不应仅依靠语言对音乐进行解说。教师要注意儿童的积极参与，注意培养儿童的创造意识和创造能力，重视儿童的全面发展，努力实施整体性的教育目标。

值得注意的是，近年来，尽管许多教师已经明显更新了学前儿童音乐教育的理论观念，然而，在音乐教学实践中仍然没有与"表演"完全脱离，即还没有重视解决问题的过程，仍存在一定的表演的痕迹。

（三）丰富教学内容

学前儿童音乐教育活动不仅包括歌唱活动，而且包括生动有趣的唱游、律动、游戏、感受与欣赏、表演和音乐创编等活动。教师可以运用有趣、适当的形式将节奏训练、听觉训练和发声练习贯穿始终；运用灵活多样的形式来培养儿童的多声音乐听觉能力。音乐创编活动的形式也可以有很多种，例如：儿童自己可以为新歌起名字；可以选择和发明不同的演唱形式；可以对节奏型进行设计；等等。

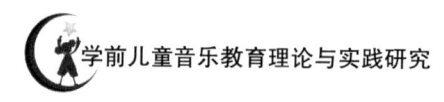

（四）改进教学方法

学前儿童音乐教育应根据教材的特点和教学对象的年龄特点来选择合适的教学方法，改变过去教师唱一句、孩子跟一句的简单教法。音乐教学从不讲方法向注重方法的转变可以说是一个很大的进步。然而问题是，方法只是一种手段，是服务于目的的，不能一味地为了用方法而用方法。在方法和手段上，一些教师过于注重音乐的外在形象性和生动性，而忽略了音乐的本来意图。例如，教师在音乐活动中过多地运用绘画、幻灯片播放等教学辅助手段，语言讲解也喧宾夺主，不够精练。除此之外，还经常出现教学内容过难的现象。一些幼儿园甚至在音乐活动中向幼儿传授很多生硬的乐理知识。

从整体上来讲，学前儿童音乐教育存在的一个根本问题：对于音乐这样一门声音的艺术，教师在音乐教学中没有深入挖掘其自身所蕴含的美和力量，且教学改革过多地关注表面的方法、形式和内容，而没有从根本上和深层次上分析音乐美，以及探究如何运用音乐自身的美来体现音乐教育的价值等基本问题。所以，以审美为核心的音乐教育就难免成为无源之水、无根之木。

要想彻底改变这一现状，教师就必须认真学习音乐美学理论，加强音乐听觉能力、感受能力和审美能力的培养，从而更好地促进音乐素养的提高。

第二节　学前儿童音乐教育教学原则

一、感性教育原则

音乐是情感的艺术。学前儿童音乐教育应当追求返璞归真的状态，应该牢牢把握情感这一核心。教师应用自己对音乐、儿童的真情实感去感染和影响儿童，而不应一味地追求表面的、肤浅的东西。

所以，在活动的组织和方法的运用方面，学前儿童音乐教育要充分运用感性的教育手段。教师应当从音乐这一核心出发，注意选择和运用生动的教学内容、方法和手段，最大限度地体现音乐作品本身所蕴含的感性内容。

另外，音乐不仅是最形象化的艺术，同时也是最抽象的艺术形式。因此，学前儿童音乐教育的课程教学既要充分利用形象化的手段使儿童获得对音乐形象的、生动的、感性的认识，又要注意引导儿童对优秀音乐作品中所蕴含的抽象的、理性因素的认识，从而使儿童能够在音乐作品中感受到理性与情感的高度和谐、自然的统一，并使自己的理性与情感得到平衡、健康的发展。对于一切概念性的、抽象的知识的讲解都必须建立在儿童对活生生的音乐作品的感受、体验和理解的基础上。

二、音乐性、知识性和技术性相统一的原则

学前儿童音乐教育不仅是知识或技能技巧的教育，而且是音乐、审美和情感的教育。所以，教师在教育的目标、内容、手段等方面都必须以儿童对音乐美的感受和表现为线索，突出音乐本身形式和内容的统一，从而使音乐知识与技术更好地为音乐感受和表现的需要服务。因为音乐是表演的艺术，所以学前儿童音乐教育更要注重培养儿童通过自己的表演来表达情感、表现音乐的能力，注意为儿童创设丰富的表演情境，通过人人参与的表演活动，使儿童的感知、记忆、情感等心理活动全部投射到演唱、演奏等外显行为中去，从而能够在一定程度上强化儿童积极的心理过程。

三、面向全体与尊重个性相结合的开放式教育原则

学前儿童音乐教育要面向每一个儿童，为每一个具有不同发展潜质的儿童提供形式和难度各异的表演机会。然而，与此同时，音乐这一艺术形式又最具个性化。毋庸置疑的是，学前儿童音乐教育也应当成为富有教师鲜明个性的教育活动，应当充分尊重儿童在艺术活动中表现出来的个别差异，并使之能够在音乐活动中得到很好的发展。

第三节　学前儿童音乐教育环境创设

一、为学前儿童创设丰富的音乐环境

如同所有能力的形成、发展一样，学前儿童音乐能力的发展依赖于遗传、环境和教育三个方面的因素。遗传为音乐能力的发展提供必要的前提，环境为音乐能力的发展提供一定的可能性，有目的、有计划的音乐教育则可以充分地挖掘和激发儿童潜在的遗传素质，从而使他们获得真正的音乐能力。

音乐能力是普遍的、人人皆有的。音乐能力的个体差异显示了环境与教育的力量，遗传在这里所起的作用是非常有限的。一个肢体健全、智力正常、没有听觉障碍的儿童必然具备学习音乐所必需的遗传素质。当然，如果要选拔钢琴家或者歌唱家等专业音乐人才，那么还需要考虑一些特殊的因素，如手的大

小，手指的长度，声音的音质、音色等。然而从最一般的意义上说，共享人类的共同财富——音乐文化是人们的一个基本权力。一个身心健全的儿童应该享有这样的权力。教师应该想方设法为儿童创设丰富的音乐环境，尽可能为儿童潜藏的音乐能力提供充分发展的可能性与条件。

学习音乐是开发智力、陶冶情操的高雅手段。尽管古今中外的人们都对音乐教育寄予了厚望，希望通过音乐教育，使儿童变得更聪明、更听话、更有礼貌。然而，这只是音乐教育众多作用中的一个。

对于儿童而言，音乐教育还有一个最重要的方面，即为儿童创设一个良好的听音乐的环境，让儿童在良好音乐的熏陶下形成音乐能力。只有提高儿童的音乐能力，我们才能谈论音乐教育目的。

音乐的确具备启迪智慧、教化人类等功能，然而，教师必须先让儿童喜欢音乐，学会倾听音乐、理解音乐。只有这样，他们才能感受到音乐中流淌着的智慧和人格的力量，从而使自己也变得更有智慧。

能否为儿童创设一个良好的音乐环境主要取决于教师的教育观念，教师应当思考和回答这样一个问题："我为儿童音乐潜能的培养和发展是否尽了力？"并树立这样一个信念：儿童音乐能力的高低与幼儿园、家庭的音乐环境、音乐气氛以及教师和家长对音乐教育的关心程度有着直接的联系。如果不能为儿童提供及时、有效的音乐环境，那么很遗憾，儿童将会逐渐丧失掉与生俱来的对音乐的敏感与喜爱，从而导致成年以后对音乐及一切美的事物都麻木不仁。

具体来讲，教师可以从以下几个方面着手来为儿童创设音乐环境。

①教师自己必须从心底里喜爱音乐和唱歌，不仅要会唱儿童歌曲、流行歌曲，而且要会唱一些中外民歌和优秀经典歌曲等，基本不能有音准、节奏、音乐表现等问题。

②在音乐活动、游戏活动等环节中，教师要有意识地带领儿童唱歌，甚至自觉运用唱歌这种有效的教育手段。例如，教师在午睡前可以为儿童播放一些催眠乐曲，或者亲自为儿童演唱一首摇篮曲；有时候，在儿童的游戏活动中，教师也可以积极地融入儿童的游戏中，为儿童演唱或表演节目；教师也可以每天安排固定的时间和儿童一起来欣赏音乐或者一起唱歌；在儿童的游戏活动或过渡环节中，教师还可以经常放一些合适的轻音乐作为背景音乐。教师所在的班级里至少应该有10～20盒音乐磁带或光盘，其中应该体现多种不同的音乐风格，包括流行音乐、儿童音乐和古典音乐等。教师在教室的音乐活动区域还应当为儿童提供足够数量的节奏乐器、声音材料等，使儿童能够自主地选择活动内容，主动进行声音的探索活动和音乐游戏。

③教师应该经常和儿童一起收听、收看广播和电视中固定的文艺节目，应该有意识地为儿童创造机会，组织儿童一起去听符合儿童特点的现场音乐会。

有条件的幼儿园还可以开设一些符合儿童特点的音乐兴趣班或启蒙班，为对音乐有兴趣的儿童提供进一步学习音乐的机会和条件。但是这些音乐启蒙班或兴趣班的开设必须以提高儿童的音乐兴趣与能力为目的，而不能以赢利为目的。幼儿园必须选择优秀的教师来任教。音乐兴趣班或启蒙班的教师必须选择符合儿童年龄特点的教学内容和教学方法，不能把成人化的东西强加给儿童，不能拔苗助长，不能让儿童学习超过他们接受能力的过于艰深的技能技巧。音乐兴趣班或启蒙班的教师的教师应当首先训练自己，以有一双对音乐敏感的耳朵，能够听出儿童演奏的对错与好坏，并且能够以一种欣赏的眼光来看待儿童的学习，即使儿童弹错了，也应抱以宽容和鼓励的态度；还应当注意在儿童学习音乐的过程中有意识地培养儿童的个性品质。当儿童学习音乐遇到困难或者感到厌倦的时候，教师应该耐心地启发和培养儿童的兴趣和意志，而不应采取体罚和强迫的办法，或者干脆放任自流。即使儿童学习音乐有些吃力，甚至在音乐启蒙班或兴趣班里只是中等以下的水平，教师也不应该失去信心，应当相信：只要教学方法得当，儿童的音乐能力一定能够得到发展。

音乐是表演的艺术，教师应当努力为儿童创造和提供更多的音乐表演和艺术表现的机会，最好能定期举办小小的音乐会，为儿童提供表演和交流的舞台，使儿童能够把在课堂上学习的歌曲、舞蹈、器乐演奏等内容上升到音乐表演和艺术表现的高度。教师应以欣赏的态度和饱满的艺术热情参与儿童的表演。这不仅会给儿童树立良好的榜样，也是最有效的激励方式，能够使儿童更加喜欢音乐、喜欢表演。教师可以有意识地把音乐表演作为一项有意义的教育内容，例如，教师请一个儿童为其他小朋友表演一个节目，或者请他点一个别的小朋友来表演节目，甚至教师也可以亲自为小朋友表演一个节目作为一个最大的奖品。

另外，在日常生活中，有时候儿童会兴奋地自发唱歌，甚至唱个不停。只要他没有影响其他人，教师就应当以欣赏的态度鼓励他用歌声表达自己的情感，并且应该经常启发儿童用听觉去了解世界，例如，经常引导儿童倾听风声、雨声、流水声、鸟鸣、钟声、汽车声等周围环境中各种各样有趣的声音，以培养儿童听觉的敏锐性。有条件的话，教师也可以进一步和儿童一起想办法用人声或物质材料的声音来模仿上述各种有趣的声音，以培养儿童对声音的敏感性和表现力。教师还可以和儿童一起玩一些声音游戏，例如，教师可以在空的玻璃瓶或空罐子里，装上细盐、瓜子或糖块等不同的东西，摇晃它使它发出不同的声音，请儿童根据声音的不同判断罐子里装的是什么；或者利用幼儿园现有的物品和儿童一起发明和制作一些打击乐器，并利用这些自制的打击乐器和儿童一起进行节奏游戏。

喜欢音乐的教师最好还能够熟悉莫扎特或贝多芬等一些著名音乐家童年的故事，并乐意讲给儿童听。在幼儿园的环境布置中，教师应能够有意识地选择与音乐有关的装饰品或图片，例如，大音乐家的肖像画、关于音乐表演的名画或挂历、贺卡、微型吉他、小提琴等装饰物。

二、良好的学前儿童音乐教育环境的创设

儿童的身心发展和学习特点决定儿童是在活动和游戏中学习的，幼儿园课程不仅在教材、课堂作业等方面有所体现，而且蕴藏在环境和幼儿喜闻乐见的各种活动中。而教师的教育观和课程观等也在一定程度上影响着自己怎样创设活动环境，怎样同儿童进行交往等。幼儿园课程蕴含在环境、活动和教师的行为中，并对儿童的健康成长起着潜移默化的影响。

例如，关于"爱"的人文主题教学，教师除了要做好教学准备工作，选择好教学内容和教材，还要做一项很重要的工作，那就是教育环境的创设。

幼儿园应充分挖掘环境对儿童情感的暗示作用，将抽象的爱变成转换一种可触的环境。例如，幼儿园可以利用假期装修的机会，把班里的墙壁粉刷成浅红色，因为相比于班里原来朴素简单的白色，这种温馨的色调更容易渲染出一种充满爱和安宁的气氛。然而，由于墙壁的面积比较大，因此一定要注意颜色千万不要太深。因为大面积的深色很容易使人浮躁和厌倦。在墙面的布置和装饰上可以选择一些可以表现出温柔慈祥的母亲形象和天真无邪的孩子形象等带给人温暖的人或物的装饰物。墙面布置的总要求是简单、明快、温馨、大方。在色彩的搭配上尤其要注意颜色不能太多，更不能太杂。从儿童对色彩感知的年龄特点来看，儿童偏爱明亮、饱满的颜色，所以很多幼儿园在布置墙面时往往喜欢用许多鲜艳的颜色。其实，长期处在这样的环境中，儿童对色彩的感知阈限会降低，不利于其对色彩变化产生更为细微的感受。颜色过多、过杂可以说是幼儿园室内环境布置中的一个较为常见的通病。除了墙壁以外，幼儿园对于儿童活动室里的整个环境布置也可以重新设计和考虑。在条件允许的情况下，整个家具的配置从色调、款式、材质上来说要尽可能显得温馨、柔和、协调；一些装饰物和玩教具的摆放也都应该尽量考虑使儿童感到方便和亲切。

与此同时，教师可以在幼儿园的日常教育活动中渲染爱的氛围，带领儿童

以自己的一颗爱心切身地去发现爱、去感受爱。最容易为儿童所感受和理解的自然是亲人的爱，是教师的爱。教师可以利用家园联系册、家长会、家访、每日接送孩子时与父母的短暂交谈等多种形式与家长进行沟通和交流，让家长了解自己的教育思路与想法，转变家长只关心孩子的智力发展，只重视知识与技能培养的陈旧的教育观念。这样做，一方面是为了取得家长的认同和支持，另一方面也可以唤醒家长被琐碎的日常事务日益消磨了的对爱的体验与反思，并增强自己对孩子、对家人的情感，增进亲子关系。也就是说，教师应当学会将儿童的家庭和他们的家长当作一种有效的教育资源来加以利用。

具体说来，在进入"爱"这一单元主题活动之前，教师可以要求家长配合幼儿园的教学工作协助完成这样几件事。

①请家长回忆、体验和强化自己对孩子、对爱人、对家庭的爱，并试着用语言充分地将自己对孩子、对爱人的这种深深的爱表达出来，与家人进行交流。家长如果愿意的话，最好能写一段文字以表达父母对孩子的爱，在适当的场合与气氛中念给孩子听，并请孩子带给教师。

②让家长选择一件自己最喜爱的，能充分表达爱的任何形式的艺术品。可以是音乐作品、绘画、诗歌、故事等。家长通过艺术作品和孩子一起分享和交流对爱的体验，试着告诉孩子自己为什么喜欢这件艺术品，它是如何将爱的信息生动、准确地表达出来的。

③请爸爸和妈妈分别为孩子唱一首摇篮曲，并录下来请孩子带给教师。教师在适当的时候可和全班小朋友一起分享。

④请爸爸妈妈和孩子一起共同选择一张最能表现一家人亲情的照片，并让孩子带给教师，以用来布置活动室。

要求家长参与艺术活动的目的是增进亲子关系，同时更是丰富和加深父母自身对艺术的感受和理解，进而帮助家长自觉地认识到艺术最重要的功能是情感表达，而不仅仅是智力开发，更不是枯燥的知识学习与技能训练。唤醒家长自身对艺术的感悟和理解，对于扭转家长的艺术教育观念是至关重要的，而这又只能通过艺术欣赏实践来实现。

第五章　学前儿童歌唱活动实践指导

歌唱是人类表达、交流思想最自然的方式之一，也是儿童在表达自己快乐、兴奋、激动等心情时最常运用的一种艺术手段。凡是有儿童的地方就有歌声。健康、快乐的儿童常常用歌唱的方式来愉悦自己、与人交流。歌唱一方面可陶冶情操、启迪智慧、活跃思想、完善品格、锻炼身心，另一方面，它是培养儿童音乐感受力、表现力以及鉴赏能力的重要途径。学前儿童在歌唱过程中能获得丰富的音乐知识，提高歌唱技能。

第一节　歌唱活动概述

歌唱是运用人的嗓音进行的一种艺术表达活动。幼儿园歌唱活动的教育内容主要包括歌曲、节奏朗诵、歌唱的表演形式、歌唱的简单知识和技能。

一、歌曲

歌曲是一种有旋律、歌词并能用声音表现出来的音乐艺术形式，是音乐与文学的一种结合形式，具有双重审美价值。在学前儿童音乐教育中，歌曲所占比例最大。

目前我国适合学前儿童演唱的歌曲有以下四类。①我国词曲作家专门为学前儿童创作的儿童歌曲；②我国一些传统的童谣以及由儿童自己创作或即兴创作的歌谣；③优秀的民歌和简单的少数民族歌曲；④国外儿童歌曲、童谣和优秀的民间歌曲。

二、节奏朗诵

节奏朗诵是一种结合艺术语言和音乐的艺术表演形式，可以让学龄前儿童在快乐的心情中加深对语言和节奏的感受和理解。节奏朗诵作品中包含了多种音乐形式的元素，如高低、强弱、音色、速度、节奏和结构等，具有强烈的艺术感染力，深受儿童的喜爱，也让他们很容易接受。因此，在对儿童进行早期歌唱教育时，节奏朗诵作品可以作为一种特殊教材使用。

节奏朗诵的具体内容可以是多种多样的，如歌词、童谣、游戏语言，词组、象声词、无意义的嗓音音节，由唇、齿、舌和气息振动所产生的一些声音。例如，用儿童熟知的人名或地名进行节奏的朗诵活动不仅可以培养儿童的节奏感，让他们把握各式各样的节拍和节奏，还可以增加活动的乐趣，有利于增强他们的自主意识、成就感和自信心。此外，教师还可以根据朗诵的具体内容和形式添加简单且有趣的身体动作，以提升节奏练习的效果。

三、歌唱的表演形式

参加歌唱活动的人数、所有参与者的合作方式、伴随歌唱的一些表演方式（如动作表演、乐器表演等）共同构成了歌唱的表演形式。儿童能掌握的歌唱表演形式主要有独唱、齐唱、接唱、对唱、领唱齐唱、轮唱、合唱、表演唱等。

①独唱。独唱是指单独一个人歌唱或者独自进行歌唱，一般有伴奏。

②齐唱。齐唱是指至少有两个人一起，对同一曲调和歌词进行整齐划一的演唱。齐唱要求所有的演唱者在音乐表现的各个方面都是整齐和一致的，如起止、音准、节奏、速度、风格处理、力度与音量、发声方法等。齐唱是幼儿园集体歌唱活动的最主要形式。

③接唱。接唱的表现方式主要有三种：个人对个人的接唱、个人对小组的接唱以及小组对小组的接唱，还包括教师与学前儿童轮流接唱歌曲。常见的形式是半句半句地接唱或一句一句地接唱。

④对唱。对唱与接唱在形式上相似，在内容上着重强调问答式的呼应，表现式有三种：个人对个人、个人对小组（或集体）、小组对小组之间的问答式歌唱。

⑤领唱齐唱。领唱齐唱是指一个或多个人演唱歌曲中比较主要的部分，也称主部，在领唱之后，曲中配合的部分由集体来唱歌。

⑥轮唱。轮唱是指两个声部对用一首歌按照一先一后的顺序和一定时间间隔进行演唱。

⑦合唱。合唱指两个或两个以上声部同时演唱的集体歌唱形式。适宜于学前儿童的合唱形式一般有以下三种。

第一种，同声式合唱：两个声部的旋律、和声相同，在演唱时一个声部唱歌词，另一个声部用同一旋律唱衬词；或者一个声部用哼鸣的方式唱旋律，另一个声部按歌曲的节奏朗诵歌词。这种合唱形式虽然较简单，但在听觉上仍会产生合唱效果，可以作为学前儿童对合唱的一种准备。

第二种，填充式合唱：一个声部唱歌词，另一个声部在歌曲的休止或延长音部分唱适当填充式的词曲。填充式合唱效果非常类似于回声。起填充作用的声部出现在主要声部的延长音或休止部分，大多数是同度进行，在听觉上会产生合唱效果，学前儿童在演唱时又不太困难。这也是一种合唱入门的好方法。

第三种，音型伴奏式合唱：主要声部唱原歌词，另一个声部演唱类似"固定音型"的歌曲材料。音型伴奏式合唱在听觉上会产生合唱效果，使一种固定音型以朗诵方式与第一声部相互配合，两个声部不容易相互干扰，是儿童学习合唱的很好的准备形式，也是让他们了解现代合唱形式的好材料。

为了更好地帮助儿童理解、体验、把握和享受作品的整体审美性，在设计以上三种合唱时，应注意要使衬词、填充材料及伴唱材料与原作品的内容、情感、意境相协调。

⑧表演唱。表演唱是指在歌唱的同时进行身体动作的表演。这些动作的表演节奏可以是明确的，也可以是不明确的。演唱者可以进行空间上的移动，也可以在原地站立或坐下来做动作；演唱者可以用手和脚相互配合或者调动全身来做这些动作，也可以只用身体的某一部位来做。这些动作既可以用来表达歌词的内容，又可以用来表达歌曲的情绪或者只表现某种与歌曲相配合的节奏。

四、歌唱的简单知识和技能

歌唱是一种需要学习才能掌握的技能。幼儿园应该逐渐让儿童掌握一些最基本的、最简单的歌唱知识和技能。这些简单的知识和技能主要包括以下几个方面。

（一）歌唱姿势

正确的歌唱姿势是指无论演唱者站着还是坐着唱歌，都应当保持身体和头部的挺直和放松；手臂自然下垂或放在腿上；双目平视，肩膀放松；口型保持长圆形，嘴唇的动作自然不刻意。用正确的姿势唱歌，可以让儿童在歌唱时保持最好的呼吸状态，这有助于他们用美好自然的声音唱歌。

（二）呼吸方法

正确的呼吸方法：演唱者首先要摆好正确的歌唱姿势，保持腰挺直，胸肩松宽，头自如，然后自然、均匀的呼气，吸气时不要耸肩，一般不在句子中间换气等。

（三）发声方法

正确的发声方法是使歌声优美、动听的最基本要求。儿童要学会用自然美好的声音唱歌，就要掌握一定的声乐技巧。教师应告诉儿童用自然的声音唱歌，放松下巴，自然地张开嘴巴，不要大声喊叫，但也不要过分限制音量。

（四）音准

在幼儿园的歌唱教学中，音准是一个难点。导致儿童唱歌声音不准确的原因有很多：其一，由于儿童的听觉区分能力较差，很难区分歌曲音的高低；其二，儿童发声器官的协调和控制能力不足；其三，学龄前儿童在歌唱时注意力分散、呼吸支持能力不强以及情绪紧张。因此，为了培养和训练儿童的音准，教师必须注意要让儿童获得准确音调的音乐印象，必须注意儿童准确的音乐印象。而儿童听觉印象正是通过教师的歌唱和钢琴的声音来获得的。此外，教师还需要注意儿童协调发声器官的能力，通过听与唱的相互配合，加强儿童音准感的培养。

（五）声音与情感

儿童首先必需要注意咬字、吐字清晰，然后在熟练掌握的基础上放松心情、有感情地歌唱；还要自然、恰当地运用声音效果、面部表情以及身体动作表情等演唱技巧，把歌曲的艺术形象准确完整地再现出来。

（六）协调性

儿童应注意倾听自己和他人的歌声，合唱时不要过于突出自己的声音，要和他人保持一致，轮唱时要准确、和谐地衔接其他人或其他声部；配合歌唱时，应努力协调保持每个声部之间的音量、音色、节奏，以及注意内心情感体验、声音表情、面部表情（包括眼神交流）、身体动作表情交流配合方面的协调性等。

第二节　歌唱活动的设计和组织指导

一、儿童歌唱活动的模式

儿童歌唱活动的模式有很多种，这里主要介绍两种常用的基本模式。

第一种模式是，首先，教师进行示范，然后，学生模仿，最后，学生进行反复的练习。教师可先用儿童感兴趣的方式引出主题；再范唱新歌；再帮助儿童分析、理解和记忆歌词；然后用全曲带唱的方式帮助儿童初步掌握新歌，必要时用教唱的方法帮助儿童掌握新歌中的难点；最后，通过多种形式来组织歌唱，不断调动儿童的积极性，帮助他们在反复歌唱的过程中逐渐掌握新歌。

第二种是先分解后累加的模式。教师首先对歌曲进行分解，如歌曲中的节奏、歌词和曲调，并将这些内容作为各项活动时的材料分别运用，比如节奏活动、语言文学活动、节奏朗诵活动、韵律活动等，通过这样的活动方式，使儿童初步掌握歌词或旋律；然后采用过渡的方法，有节奏地对歌词进行朗诵并同时倾听曲调；最后将歌词填入曲调再教唱。

二、儿童歌唱材料的选择

（一）歌词方面

歌词的内容和文字应该是儿童能理解的和生动有趣的。歌词要有重复之处和发展余地，以便于儿童记忆和掌握。教师应多选择第一人称的歌曲。这种歌曲其中的歌词能让儿童感到亲切，能够自然、真实地表达情感。

另外，为儿童选用的歌曲的歌词文字和内容要生动有趣，便于儿童的理解和记忆，而且歌词是要充满爱的、美丽的、富有想象力的、有教育意义的，并适合表现于动作之中。

（二）曲调方面

在曲调方面，教师应该注意选用具有如下特点的歌曲：音域不能太宽，节奏不能复杂，旋律较平稳且以五声音阶为骨干，结构较短小且工整，词曲关系较简单。

儿童期不宜唱音域较宽的歌曲，如《学做解放军》这首歌音域为九度，但旋律主要在 1～5 度的音域内进行，最高音和最低音出现次数少，时值不长，一带而过，因此这类歌曲也可被选为大班歌唱教材。

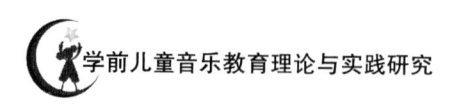

（三）歌曲的总体选择

选用的儿童歌曲，从总体上来讲，应当饱含纯真性、思想性、艺术性，并且具有丰富多样的内容、形式和风格。

在儿童歌唱活动中，教师应当注重对儿童歌唱能力的培养，帮助儿童体验正确的共鸣位置和优美自然的声音；帮助儿童正确地进行咬字和吐字，处理好气息与歌唱的情感表达。

总之，在选择儿童歌曲时，教师要充分考虑儿童的年龄特点，注意歌曲的艺术性、思想性，还要注意歌曲题材、风格的多样化。

三、歌唱活动的教学设计

教师应有目的、有计划、有组织地开展任何一个教育活动。在活动前如何进行灵活的活动设计，在活动中如何进行有效的活动指导，是幼儿教师必须掌握的一项基本的业务技能。那么，应如何设计学前儿童歌唱活动呢？

教学设计是教师根据教学原理和教育对象的认知结构，对教学内容、教学过程、教学方法、教学组织形式及教学手段等方面进行的设想和构思。下面以教学过程作为切入点，具体谈谈学前儿童歌唱活动的教学设计。

（一）导入部分的设计

导入部分是一个活动的开始阶段。这一阶段的主要任务是组织教学，要求教师在最短的时间内集中学前儿童的注意力，在激发其学习兴趣的同时引入本节课的课题。这一环节设计的好坏直接影响到下一个阶段的开展，对于整个活动能否顺利完成发挥着重要的作用。下面介绍几种较为常见的歌唱活动导入方法的设计。

1. 教具导入设计

直观教具的运用是幼儿园教学与学校教学最本质的不同之处。作为辅助教学的手段，直观教具可以具体、形象地再现教学内容，从而更好地激发学前儿童的学习兴趣，帮助他们理解学习内容。例如，在新授歌曲《春天》时，教师可以根据歌词中对有关春天景色的描写，绘制出相应的挂图，并将之直接呈现给儿童，因为色彩鲜艳的图画可以很好地吸引孩子的注意力，调动其学唱的兴趣。

2. 故事导入设计

以故事讲述的方式引入学习内容的方法，常用于叙事性歌曲的导入过程中。

教师可以根据歌词内容创编一个短小的故事，配合图片、多媒体课件等手段，利用有趣的故事情节、生动形象的教具，激发学前儿童的学习兴趣，自然而然地引出课题内容。例如，在新授《粗心的小画家》这首歌曲时，教师可以设计这样的故事情节进行导入：有一个小朋友叫丁丁，他非常喜欢画画，自称"小画家"；他画了很多画，咱们来看看他画了些什么？画得怎么样？教师出示事先准备好的与歌词内容相符的图片，引导儿童观察，组织讨论，使其找出问题，最后总结出丁丁是一个"粗心的小画家"。进而由故事引出歌曲："教师还把这个故事编成了一首很好听的儿歌，下面请小朋友欣赏一下。"学生在理解了故事情节后，也就基本掌握歌词了。故事的导入为后续的教学做了很好的铺垫。

故事导入设计需要注意的问题包括：①教师要明确此种设计要解决的核心问题是帮助学前儿童理解、记忆歌词，因此气氛和趣味的渲染应该为理解和记忆歌词服务，不能喧宾夺主；故事情节的设计要紧紧围绕歌词内容进行，力求短小精悍；②为了更好地调动儿童倾听和理解的积极性，教师在讲故事时最好用对话的形式而不是独白，尽可能地让儿童参与进来，让儿童的思维活跃起来；③根据歌词内容的特点，教师可以邀请儿童和自己一起来编故事，充分利用儿童已有的相关经验，提高儿童仔细观察，积极表达的能力。

3. 情境表演导入设计

教师应根据歌曲内容创设一定的情境，营造一定的氛围，由自己或儿童扮演角色进行表演。这种设计比较适合一些歌词内容相对简单，所反映的情境和事件是儿童可以明白并能用自己的语言表达出来的。例如，在教唱《摇篮曲》时，教师可以先创设这样一个情境：用竹篮或小椅子做一张小摇床，将布娃娃放在摇床上，盖上小花被，教师扮演妈妈坐在摇床边摇着小宝宝睡觉。教师可以根据歌词的要求做相应的动作，以吸引儿童观看表演，使其感受歌词内容和歌曲的意境。

情境表演导入设计应注意的问题主要有以下几个。①情境表演的形式不拘一格，可以是教师或儿童现场进行表演，也可以是教师或儿童利用布偶或其他功能类似的教具进行表演，还可以是教师利用多媒体播放视频等。笔者建议在以上几种表演形式中首选现场表演。因为这种表演在时间和空间上与儿童最为接近，便于儿童看清表演的细节，很容易让儿童产生一种身临其境的感觉。②情境表演的设计应该突出重点。表演的动作一定要"简明""到位""出彩"，而不能不分主次，面面俱到。③根据教学的需要，教师在情境表演中的动作可以象征性地表演出歌词的全部内容，也可以只提示歌词的部分内容。

4. 游戏导入设计

游戏是学前儿童喜闻乐见的活动，深受儿童的喜爱。将游戏与歌唱活动有机结合起来，可以满足儿童的内在需求，取得理想的教学效果。历史上，人们在进行很多的传统游戏时都是在歌曲的伴随下边唱边玩的。例如，传统的儿童歌曲《丢手绢》是最为典型的代表。在让儿童进行游戏前，教师可以先教儿童玩丢手绢的游戏，给儿童讲解游戏规则，并示范边唱边玩游戏；然后请儿童轮流扮演丢手绢的人，进行游戏时带领儿童清唱歌曲。在反复进行游戏的过程中，儿童自然而然地就学会了演唱歌曲。再如，歌曲《头发肩膀膝盖脚》的导入环节也可以被设计为游戏导入的形式。教师在设计时可以借鉴传统亲子游戏中身体部位的指认、触摸和快速反应的游戏模式进行。

5. 节奏朗诵导入设计

歌词本身具有节奏感、韵律感的特点，利用这一特点，引导儿童朗诵朗朗上口的歌词导入课题也是一种深受儿童喜爱的方法。和适于采用故事导入的歌曲相比，这类歌曲的情境性和故事性相对较弱，而语言的逻辑性和节奏感却很强。如果将歌词单独拿出来，以儿歌的教学方法进行教学，可以有效地将儿童的注意力集中在对歌词韵律美的感受和体验上，以便学生更好地理解和表现歌曲内容。例如，歌曲《蜜蜂做工》就可以采用这种设计方式。歌词是这样的：嗡嗡嗡，嗡嗡嗡，大家一起来做工。来匆匆，去匆匆，做工性味浓。春暖花开不做工，将来哪里好过冬。嗡嗡嗡，嗡嗡嗡，别做懒惰虫。

6. 谜语导入设计

猜谜是深受学前儿童喜爱的一项活动。猜谜的过程实际就是进行脑力激荡的过程，能够有效开发儿童的智力。谜语也是幼儿园歌唱活动中常见的导入方式之一。教师根据教学内容提前搜集或创编与之相对应的谜面，引导儿童积极开动脑筋思考，揭示谜底，自然引出课题。这种导入设计的优点是，能够在最短的时间内激发儿童的兴趣，提高儿童学习的主观能动性，获得较高的活动效率。例如，教师在新授歌曲《小青蛙》时，可以以猜谜的形式导入，先给儿童念谜面："大眼睛，宽嘴巴，白肚皮，绿大褂，地上跳，水中划，唱起歌来呱呱呱，专吃害虫保庄稼。"然后请儿童开动脑筋猜出谜底，引入课题。

除了以上介绍的几种常见的导入设计方法之外，还有其他的一些设计方法，笔者在此就不一一列举了。值得注意的是，教师在进行导入设计时，一方面要根据歌曲内容进行选择，另一方面还要考虑教育对象的年龄特点和理解接受水平。

（二）展开部分的设计

展开部分是一节课中最重要、占时最多的部分。教师需要在这个阶段完成教学任务。在活动中体现教师主导、儿童主体的地位，形成师生互动、生生互动的局面，保质保量地完成教学，是与所采用的教学方法是密不可分的。所以，展开部分的设计主要是教学方法的设计。下面介绍几种幼儿园歌唱教学的具体方法。

1. 学习歌词的方法

①提问法。有些歌曲的歌词没有固定的规律，内容比较丰富，带有一定的叙事性和抒情性。教师可以结合歌词内容设计一系列的问题，通过问答的方式帮助儿童理解和记忆歌词内容。例如，教师采用提问法教授小班歌曲《小鸭小鸡》时可以这样设计问题：谁和谁碰到了一起？小鸭是怎样叫的？小鸡又是怎样叫的？它们在一起干什么？通过一问一答的形式，儿童很容易掌握歌词的内容。当然，小班问题的设计要具体明确，通常一个问题对应一句歌词。针对中、大班幼儿的问题设计可以相对概括些、笼统些，应引导儿童在归纳总结的基础上用歌词来回答。例如，教师在教授《蝴蝶花》时可以这样问：歌曲中讲了一件什么事？为什么蝴蝶不害怕？儿童在将歌词大意简单概括出来后，学习歌词相对就简单多了。

②节奏朗诵法。有些歌曲的节奏鲜明，内容紧凑，歌词的节奏感、韵律感很强，读起来朗朗上口。对于这样的歌曲，教师可以先让儿童熟悉歌曲的节奏，然后让其边打节奏边念歌词。如《两只小象》《买菜》等。

2. 学习旋律的方法

在幼儿园的歌唱活动中，常见的儿童学习旋律的方法有分句教唱法和整首教唱法两种。

①分句教唱法。指教唱时，教师唱一句，儿童跟唱一句。这种方法是典型的传统教唱歌曲的方法。比较适用于歌曲篇幅较长，乐句结构清楚的歌曲。分句教唱法的优点是教师一句一句地分解教唱，便于儿童模仿，可以更好地帮助儿童领会歌曲的乐句结构。但其弊端也是显而易见的，即破坏了歌曲本身的整体性和思想情感表达的完整性。同时，一句一句地学唱难以促进儿童的积极思维、记忆和想象等心理活动的发展。

②整体教唱法。该法是指教师完整地、有表情地从头到尾演唱歌曲，儿童从头到尾反复地跟唱。这种方法比较适用于篇幅短小、结构简单、形象集中的歌曲。整体教唱法的优点是能够保持歌曲本身在意义、情绪和形象上的完整性，

在儿童学唱的过程中能够使儿童的思维、记忆和想象等心理活动处于积极的活动状态，从而获得完整的情感体验。由于儿童对整首歌曲进行跟唱，所以歌曲的旋律和节奏上的一些难点得不到相应的解决，儿童对歌曲细节的把握略显粗糙。这正是整体教唱法的不足之处。

那么，教师在教学过程中运用哪一种方法效果更好呢？鉴于以上两种方法在运用的过程中各有千秋，笔者建议合并使用两种方法，这样效果最佳。当然，在合并使用的时候，除了考虑歌曲本身的特点之外，还要考虑年龄班的要求。通常情况下，针对小班儿童，教师应以分句教唱为主、整首教唱为辅；而针对中、大班儿童，教师应以整首教唱为主、分句教唱为辅。

（三）结束部分的设计

在教学目标基本得以实现之后，整个活动过程也就进入尾声，也就是结束部分。此阶段常见的设计形式有以下几种。

①复习巩固。在反复练习的基础上，大部分儿童基本能较准确地唱出旋律和歌词。这时教师可以组织学前儿童集体演唱一遍结束活动即可。

②表演设计。如果歌曲本身具有一定的表演性，教师可以事先准备好道具（如头饰、纸偶等），组织学前儿童对所学歌曲进行表演，再次激起儿童的学习兴趣，满足儿童的表现欲望，以达到在高潮将退时结束活动的最佳效果。

③游戏设计。以游戏的方式结束活动也不失为一种理想的方式。教师可以将本节课的教学内容与游戏有机结合起来，在欢快的游戏气氛中结束活动。

④自然结束。如果难于将教学内容与其他形式结合起来，教师也可以采用提醒学前儿童小便、喝水的方式自然结束。

⑤活动延伸。活动的结束并不意味着学习内容的结束。教师可以根据需要对一些内容做适当的延伸。例如，在歌唱《小树叶》活动结束后，教师可以组织学前儿童到室外去捡拾树叶，引导他们在观察的基础上，利用不同颜色、不同形状的树叶制作树叶粘贴画；再如，在歌唱《春天》活动结束后，教师可以组织儿童开展"找春天—画春天—说春天"的系列活动，进而让儿童在充分感知的基础上获得有关春天的整体的知识。

四、学前儿童歌唱活动的组织

（一）组织歌唱活动的目的

唱歌是人们抒发感情、表达自己喜怒哀乐等各种情绪的艺术方式。对于儿童来说也是如此。唱歌是童年时代不可或缺的一部分。儿童通过他们甜美而清脆的声音表达高兴和快乐，或者其他情感。而且唱歌是展示他们的技能和丰富其情感体验的重要途径。

幼儿园的歌唱活动是教儿童通过歌唱的方式来表达自己的情绪和情感，通过歌声，和他人分享美好的情感，让儿童学会在歌声中传达人与人之间的情意，促进人和人之间的交流，同时享受歌唱所带来的愉悦心情的一种活动。在幼儿园组织歌唱活动，不仅能使儿童学到很多优秀的民歌、童谣和具有生命力的创作歌曲。最重要的是，通过接触这些优秀的、经典的作品，儿童能够慢慢融入这样美好、高尚、典雅、纯净的多元音乐文化之中，儿童在这种环境的熏陶下，受到感染和深刻的影响，慢慢地，他们的审美品位、审美能力、健康的人格、积极的情感情绪，以及他们对多元化的认同与开放心态，都会受到潜移默化的影响。

除了可以提升儿童的歌唱能力、萌发其美感的作用外，组织儿童歌唱活动，还能发展儿童在语言方面的技能，扩大他们的知识面，教会他们许多实用的知识，并促进儿童之间的交往，激发他们的创造力和热情，极大地丰富他们的情感体验。

组织儿童歌唱活动的目的表现在以下三个方面。

第一，使儿童学会唱歌，即学会通过自己丰富的声音表情来表达丰富的情绪情感。这是最直接的和首要的目的，它要求儿童在歌唱活动中获得完整的用歌声来传情达意的能力，也就是歌唱的能力、表现情绪情感的能力和音乐的能力，而不仅仅是歌唱的技能技巧。

第二，教给儿童一定数量的、富有艺术生命力的歌曲，积累和丰富儿童演唱曲目，逐步培养他们对歌曲、对音乐的发自内心的、真实的兴趣和爱好。因为如果在儿童的心灵和头脑里没有大量令他们兴趣盎然、记忆深刻、好听、好唱的儿歌，单凭有限的一、两首音乐作品是很难激发和巩固儿童对音乐持久、稳定的兴趣的。兴趣的培养无疑需要一定的量和质的积累。

第三，在唱好一首首好听、好唱、富有感染力和教育意义的优秀儿童歌曲的同时，即在教儿童逐渐学会自如、恰当地通过自己丰富的声音表情来表达丰富的情绪情感的同时，发展儿童"音乐"以外的品性与能力，诸如健康的情感、良好的个性、创造力、对美与知识的渴求等。

毫无疑问，幼儿园歌唱活动目的的实现需要儿童亲身参与到有趣的歌唱活动中去。因此，幼儿园的歌唱活动需要以生动的、游戏的方式引起儿童的兴趣和参与的热情，在儿童喜闻乐见的活动形式中实现教育的目的。那么，教师怎样组织幼儿园的歌唱活动,把一首首生疏的、静止的、写在纸上的歌曲灌注到儿童的心灵深处,让儿童发自内心有表情地歌唱呢?也就是说,教师怎样把一首首陌生的新歌教给儿童,使儿童能够通过自己的歌声准确、恰当、自如地表达歌曲的情绪情感,并能够自然地倾注与投入自己的情绪情感呢?这就要求教师掌握幼儿园歌唱活动的组织方法。

(二)歌唱活动与各类教育活动的结合

歌曲是一种结合音乐和语言的艺术形式。通过一定的艺术形象,反映歌曲中所描述的社会生活和人的情绪、情感和意识。儿童歌曲也不例外。儿童歌曲通过儿童熟悉的形象来反映他们所熟悉的生活和情感。因此,幼儿园的歌唱活动完全有可能也有条件结合幼儿园语言、科学、美术等其他教育活动内容来进行。

1. 歌唱活动与语言活动的结合

一些儿童歌曲本身的内容就十分丰富,人物、情节都很完整,歌词的整个语境就构成了一个相对完整的故事。教师可以将这些歌曲与语言活动结合起来,让儿童对歌曲的情节和内容充分熟悉,体会当中表达的情感,更好地学习和掌握歌曲。例如,德国摇篮曲《兔之歌》是一首十分有趣的儿歌。教师可以根据歌词的大致含义和歌曲当中的情节内容,结合生活,将这首歌改编为童话故事,使儿童通过故事来熟悉歌词和歌曲内容,结合这样的语言活动,让儿童体会歌曲中角色的情感,进而使其能够生动、准确地表现歌曲。另外,一些具有绕口令性质的歌曲也理所当然地可以结合语言活动来组织教学,如《小红和胖娃》等。

2. 歌唱活动与美术活动的结合

一些歌曲的歌词所描绘的景象生动有趣、形象鲜明、绘声绘色,能让人产生视觉联想。教师自然能够结合美术活动来组织歌唱教学。又如,在教授《春天》这首歌时,教师可以通过重复示范的方式,让儿童按照歌词描绘的内容以先后顺序画成画。这样,学生不仅学习了这首歌,还完成了一幅丰富多彩、内容充实的儿童画。

3. 歌唱活动与科学活动的结合

对于一些歌曲的歌唱活动,教师还可以将之与幼儿园的观察活动、科学活动、自然常识活动结合起来,从而帮助儿童丰富他们的感性体验,加深他们的印象,让他们对歌曲内容有深刻的体会、理解和记忆,使歌曲更加生动。例如,教师在教授《春》这首歌时，可以结合认识春天的科学活动，带领儿童用自己的眼睛去观察春天，通过有意识的引导活动，让儿童根据歌词提供的线索，用自己的理解概括出春天的特征，还可以引导儿童在艺术活动中描绘出春天的特征，丰富儿童对歌曲的创作和诠释。又如在教儿童演唱类似《小钟》这样的歌曲时，教师可以引导儿童注意观察，聆听自己家里、幼儿园里、商店里等公共场所各种大大小小的钟所发出的各种不同的声音，并设法模仿出来。这样可以激发儿童对声音的敏感性和兴趣，使其逐渐学会运用自己的听觉去观察事物、认识世界。

4. 歌唱活动与数学教育活动的结合

一些歌曲的内容和数字有很大关系，如《量词歌》。针对这样的歌曲的歌唱活动，教师可以将之很自然地与数学教育活动结合起来。

5. 歌唱活动与其他教育活动的结合

儿童的思维具有具体形象的特点。教师在组织儿童的歌唱活动中可以运用各种玩教具，采用多种形式演绎歌曲内容，使之变得更加直观、鲜明、形象、生动，以便于儿童理解和掌握。例如，在让儿童演唱《泡泡不见了》这首歌曲时，教师可以拿小杯子装上肥皂水，给儿童演示吹泡泡，并且可以让每个儿童人手一份肥皂水，在歌曲间奏处让儿童来吹泡泡，并注意观察泡泡的特点。

幼儿园的教育一般会存在分科教学上分得过细、分得过死的缺陷。学前儿童歌唱活动与其他教育内容的有机结合，可以在一定程度上克服这些不足之处，并在幼儿园课程的整体改革中满足综合化、一体化的需要，有助于全面整合利用各种教育因素，并能促进儿童全面发展音乐能力等。此外，儿童是以整合的方式来认识这个世界的，因此，这种教育方式也是符合儿童的认知与情感发展规律的。但是在运用这种方式组织幼儿园歌唱活动的时候，一定要注意这种结合应当是深层的、内在的，而不是表面的、形式上的；是水到渠成、自然恰切的，而不是生拉硬扯、风马牛不相及的生硬的结合。这种结合必须充分考虑歌曲的内在逻辑和情绪情感，从中寻找音乐和语言、绘画、自然等幼儿园其他教育活动内容的最自然、最恰当的结合点。从另一角度来看，音乐毕竟是一门很特殊的艺术，它既是一门最善于表现人类情感的艺术，又是一门对技巧性要求很高的艺术；它既是一门最生动、最富形象性的艺术，又是一门十分抽象的艺术。音乐艺术有它自身非常独特的规律与特点。正是每一门艺术自身所具有的这些与众不同的特质才真正形成了每一门艺术不可替代、不可或缺的存在方式。换句话说，我们学习艺术、接近艺术就不能不遵守这门艺术的特殊规律。学习音乐也是如此。在组织儿童歌唱活动时，教师除了要考虑到儿童的整体教育要求、身心发展规律，也要考虑音乐艺术本身的特点和规律。因此，在儿童歌唱活动的组织中，除了可以将语言、美术、科学、数学等其他教育活动与音乐有机联系起来，还应当对歌曲在艺术上的特点与规律进行深刻、透彻的分析，并遵循这些特点与规律，做到有的放矢，引导儿童更深层次地获得他们在歌唱活动中应该获得的歌唱能力。

五、歌唱活动中儿童创造力的培养

（一）创编动作

在创造性的歌唱活动中，为歌曲创编动作是最常见的形式之一。创编动作这种形式主要适用于词曲简单、多重复的歌曲，尤其是歌词内容直接描述了行动的过程或富于动作性的歌曲。但有些时候，这种形式有更强的适应性，如用一些舞蹈动作可以暗示歌曲中出现的比较特别的旋律、节奏或不容易记住的歌词等。就操作程序方面而言，这种形式最典型的特征是"从动作开始"或"动作在前"。教师可通过以下方法来提高儿童创编动作的能力。

①教师提出并直接展示一套简单有趣的动作供儿童进行模仿，在儿童能够熟练掌握教师提供的动作的基础上，请学生自己创编动作，在儿童对创编好的动作进行模仿或练习的时候，教师应开始唱歌或播放新歌，为儿童的活动伴唱。

②教师提出某种形象或活动，邀请并指导儿童用自己创编出来的动作进行表现。在教师带领下，儿童对创编好的成套动作进行模仿或练习时，教师同时开始演唱或播放新歌，为儿童的活动伴唱。

③对于一些词曲难度都比较大的歌曲，教师也可以采用这样一种方法：教师直接展示或引导儿童创编一组动作或者动作游戏，其中伴随歌词朗诵活动，在第一次活动中，让学生学习歌词朗诵并伴随动作进行；在第二次活动中，让学生学习歌曲的演唱并进行相关的游戏活动。

（二）创编歌词

创编歌词主要适用于一些词曲内容简单、多重复，歌词语法结构单纯、清晰，只有某些语言游戏性质的歌曲。当然，对于经验丰富的教师，这种方法也会有比较广泛的适应性。就操作程序方面而言，这种方法最典型的特征是"从歌词创编开始"或"歌词创编在前"。教师可通过以下方法来提高儿童创编歌词的能力。

①教师直接提供新歌的第一段歌词，并用边演唱边做动作表演的方式，激发儿童的兴趣和帮助儿童理解、记忆"歌词的表述结构"；之后，紧接着请儿童创造性地提出另外的新形象，再将儿童提出的新形象填入歌曲"替换"掉原歌词中的相应部分并演唱出来。如此反复，并逐步请儿童尝试进行新词的直接填唱。

②教师提供某种情境，引导儿童用语言来表述这种情境；紧接着将儿童提出的语言组织成歌词并演唱出来；再请儿童按照歌词的结构自己创编歌词，并和创编的儿童一起将新词填入曲调并唱出。例如，教师在讲《夏天来到了》时，可以提出春天、冬天，让儿童去想象如何描述。

（三）创编伴奏

创编伴奏的形式是引导儿童用拍手、说白、乐器演奏等方式为歌曲编配伴奏。这种形式可以很好地提高儿童的节奏感，增强歌唱的趣味性，歌曲的艺术表现力。例如，为《粗心的小画家》增加说白；为《爱护小树苗》拍打节奏；等等。

（四）创编丰富的演唱形式

丰富的演唱形式可以表达歌曲不同的演唱效果。让儿童为同一首歌曲创编不同的演唱形式，对培养儿童的歌唱能力、节奏感、曲式感等方面都有很大的帮助。同时，丰富的演唱形式还可以为每一位儿童提供参与、创造和展示自我的机会，并在原有水平上得到不同程度的提高。

教师可以根据歌曲内容和儿童的演唱水平定演唱形式。可以让儿童接唱、分角色对唱；也可以让其用动作代替节奏；等等。例如，在让学生演唱《蚂蚁搬豆》时，教师可以让其用动作代替节奏；在让学生演唱《小鼓响咚咚》时，可以组织儿童接唱；在让学生演唱《谁的尾巴长》时，可以让儿童进行对唱。

值得注意的是，在开展创造性的歌唱活动时，教师对创造性的含义的理解不要过于局限，而应从更高的层次上来理解和运用。教师在活动中要给儿童提供广阔的创作平台和机会，鼓励儿童独立、大胆地去创作和表演，让其表达对作品最真实的感受和体验，使儿童的创造潜能得到最大限度的发展。

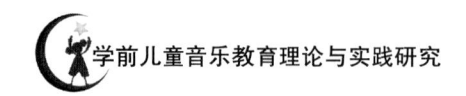

第三节　学前儿童歌唱能力的发展

一、歌词方面

对于学前儿童而言，歌唱能力的发展和语言的发展是密不可分的。也就是说，他们学习说话和学习唱歌是平行进行的。

当学前儿童的语言发展进入"咿呀学语期"时，也就意味着他们的歌唱能力进入了学唱期。0～1岁的婴儿通过反复练习，从开始的"咯咯""咕咕"等的咿呀学语声逐渐呈现出歌唱的特征。1岁以后，婴儿的说话和歌唱逐渐从嗓音游戏中分化出来，开始真正意义上的学唱。这时婴儿所唱的"咿呀之歌"已经有了音高的变化。一些研究者把这种歌唱称为"本能歌"。随着年龄的增长和身心的不断发育，2岁之后的婴儿能逐步完整地唱一些短小简单的歌曲或歌曲片段。但由于他们听辨语音和发音的能力相对较差，加上对歌词的理解能力也十分有限，所以歌唱时发音错误的情况比较多。

3～4岁的儿童已能较完整地再现一些短小的歌词以及较长歌词中的较为完整的片段。但由于受到听辨能力、理解能力与发音吐字能力的限制，他们歌唱时常常会唱错或缺漏个别他们难以理解与记忆的歌词。例如，由于受到发音能力的限制，他们将"高"发成"刀"，将"奶"发成"来"。尤其对于他们不理解的歌词，发错音的频率很大，所以有时会出现小班初期的一些儿童唱起歌来谁也听不懂的现象。

4～6岁的儿童一般能较完整、准确地再现歌词，他们在发音吐字方面基本不存在问题，对歌词的听辨、理解、记忆能力也有了很大提高。因此，儿童唱错字、发错音的现象大大减少，只是仍会唱错不理解的歌词，如将"胜利的凯歌冲云霄"唱成"胜利的凯歌搓元宵"，将"敌人胆敢来侵犯"唱成"敌人胆敢来吃饭"等。

二、音域方面

所谓音域，通常是指某人声或乐器所能达到的最低音至最高音的范围。学前儿童的发声器官正处于生长发育阶段，他们的喉头体积不足成人的一半，声带短小、柔韧，容易拉伤，故而儿童歌唱的音域要比成人窄得多。2岁前的儿童歌唱开始逐步从嗓音游戏中分化出来，很少有儿童能完整歌唱；2～3岁的儿童大约可以唱出几个音域在C调2～5的音；3～4岁的儿童一般能自然歌唱的音域为 C 调 1～6，其中最舒适的音域为 C 调 2～5；4～5 岁儿童的音域和之前相比有了一定的扩展，此阶段儿童的音域范围通常在 C 调的 1～7。当然儿童的个别差异还是很大的；5～6 岁儿童的音域范常为 C 调的 1～i。由于个体差异，个别儿童的音域会更宽一些。在进行歌唱活动时，教师应以大多数儿童的音域范围为标准，选择适宜的歌曲。

三、旋律方面

2 岁前的婴儿所唱的"轮廓歌"基本是无调性的，旋律线起伏不定。由于婴儿的音准较差，唱出来的旋律只是大致接近原来曲调的旋律，甚至有时把"唱歌"演变成"说歌"，所以这时期婴儿的歌唱通常被称为"近似歌唱"。

在旋律方面，3～4 岁儿童普遍存在着"走音"现象（唱不准音），特别是在没有乐器伴奏或独自歌唱时表现尤为明显。究其原因，儿童除了受自身生理因素的影响外，歌曲本身也是重要的影响因素。如歌曲的音域过宽、旋律过难、音调过高或过低等方面的因素都会导致儿童在歌唱时出现"走音"现象。

随着 4～5 岁儿童接触歌曲和歌唱的机会增加，他们感知和再认歌曲旋律的能力得到了显著提高。在把握音准方面也取得了一些进步。在有乐器伴奏或教师的指导下，大多数孩子基本上都能唱准旋律适宜的歌曲，但是由于个体的不同，对个别儿童来说，把握旋律感和音准仍然相对困难。

随着歌唱机会的不断增多，儿童的歌唱经验也逐渐丰富起来。5～6 岁阶段的儿童在旋律感方面有了很好的发展，尤其在音准方面进步显著。他们能准确地唱出旋律的音高递进，掌握大、小三度，纯四、五度音程，同时对级进、大跳、小跳也不会感到特别困难。此时儿童的调试感已初步得以建立。

四、音准方面

音准是学前儿童歌唱中最难掌握的一项技能。虽然在良好的教育培养下，儿童的音准会有较大的进步，但是音准是整个学前期儿童发展最慢的一种音乐能力。音准能力的发展一方面与儿童对发声器官的精确调控能力以及发出声音的敏锐监听能力的发展有关，另一方面与所选歌曲的音域、音程特点也有密切关系。

一般来说，3 岁前的儿童在歌唱时音准很差，大致只能算是"近似歌唱"，即所唱出的旋律只能大致接近原曲调的旋律。

仍有相当一部分的 3 岁儿童有音准问题，他们往往不能正确唱出歌曲的旋律，唱歌如同"说歌"。在无伴奏或者独立唱的情况下，他们唱歌走调甚至无调的现象是十分普遍的。

在良好教育的影响下，4～6岁儿童在琴声伴奏下，对难度适宜的歌曲大多能唱准音，而在独立歌唱或者无伴奏的情况下，仍有部分儿童在歌唱时会走音。

五、节奏与节拍方面

2岁前婴儿的歌唱活动没有明显的节拍，节奏相对比较散漫。2岁之后婴儿已经初步显现出节奏意识，逐渐向较正规的模式发展，能用比较准确的节奏唱出简单的歌词。

在节奏与节拍方面，3～4岁的儿童通过一定的练习，基本上能比较合拍地歌唱，容易掌握2/4拍和4/4拍的歌曲。歌曲的节奏一般比较简单，更容易感受和掌握由四分音符和八分音符构成的节奏。因为这样的节奏与儿童的呼吸、心跳等的生理活动和走路、跑步等的身体动作相对应，儿童可以通过亲身的体验去感受和理解。

就4～5岁的儿童而言，听觉分化能力的不断提高促使这个年龄阶段的儿童对歌曲节奏的掌控力和表现力也不断地增强。此时的儿童不仅能演唱2/4拍和4/4拍的歌曲，而且能初步理解3/4拍的歌曲；不仅能掌握四分音符、八分音符的节奏，还能掌握二分音符、附点音符的节奏特点。

5～6岁儿童能够演唱节奏和旋律有更多变化的歌曲。他们能熟练掌握2/4拍、4/4拍的节奏，同时对三拍子的节奏和弱起小节有一定的理解和把握；在教师的指导下，对带有附点音符和切分节奏的歌曲也能较好地进行演唱。

六、呼吸方面

人在歌唱时，必须要用较长的气息有控制地均匀持续冲击声带，才能使声音延续。在3岁之前，儿童的肺活量非常小，呼吸也较表浅，气息控制能力还没有得到很好的发展，故而在歌唱时常常会出现一字一顿的情况。3岁后的儿童气息逐步增长，一字一顿以及唱两三个字就换气的现象逐渐减少与消失，但他们经常会根据自己用气的情况来换气，从而时常造成因换气而中断句子、中断词义的现象。

4～6岁的儿童在良好的教育影响下，对气息的控制能力有一定的提高，呼吸的方法较为规范正确，一般能够在教师的提示下按乐句和情绪的要求换气。

但即便到了 6 岁，儿童的肺活量和控制气息的能力仍然有限，如果歌曲的句子太长、唱得太慢或太快，儿童在歌唱时仍然会感到困难。

七、表情方面

歌唱表情不仅仅是面部表情与身体动作表情，更重要的是声音表情。与声音表情相关的歌唱能力主要有速度、力度、音色变化、咬字、吐字以及气息运用等方面的能力。

3 岁前以及 3 岁左右的儿童基本缺乏歌唱的表现意识，初期还处在愉快的嗓音游戏阶段。在良好的教育影响下，3～4 岁儿童逐步养成初步的表现意识，到了末期，儿童可以学会用速度、力度、音色的明显变化来表现他所熟悉的歌曲中的不同形象与情绪。如在演唱《小马》时，能尝试用快而跳跃的声音表现《小马》第一段快乐的音乐情绪，用慢而连贯的声音尝试表现《小马》第二段伤心的音乐情绪。

4～6 岁的儿童在良好的教育影响下，逐步发展起一定的表现意识，并能较好地运用一些简单的表现技能。处在此阶段的儿童不仅能积极主动地运用声音变化来表达感情，同时初步开始表现比较细致与复杂的音乐形象。如能较好地演唱出歌曲速度、力度的逐渐变化，较好地唱出跳音、顿音、连音等。

八、合作性方面

集体性的共同歌唱活动要求儿童在演唱过程中不仅要监听自己的歌声，还要倾听同伴的歌声及琴声伴奏。这对于学前儿童来说并非易事。

在 3 岁前的儿童与成人共同歌唱时，成人更多的是有意识地应和儿童的歌声。3 岁左右的儿童仍普遍缺乏合作意识。在实际的集体性共同歌唱活动中，常常出现有的儿童唱得快、有的唱得慢、有的声音特别突出等情况。儿童入园两三个月后，在良好的教育影响下，初步有了合作歌唱的意识，开始尝试调整自己的歌声使之与集体相协调。到了 3 岁末期，基本能做到整齐开始、整齐结束，并保持音量、音色、音高以及速度等与集体相协调，还能初步掌握简单的接唱与对唱。

4～6 岁的儿童在良好的教育影响下，逐步积累了一定的合唱经验，有了较强的合作协调意识与能力。他们能较主动地监控自己的声音，较多地注意到声音表情的整体协调性，逐步掌握独立的对唱、接唱、领唱齐唱、轮唱以及简单的二声部合唱等多种歌唱表演形式。

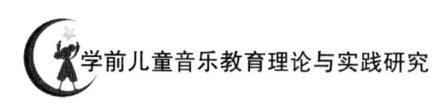

九、创造性方面

创造性的歌唱对于学前儿童而言并不神秘，其实儿童在婴儿期就有创造性歌唱的萌芽，并体验了创造性歌唱游戏带给他们的快乐。

3岁的儿童进入幼儿园后，在良好的教育影响下，逐步形成了较明确的创造性歌唱的意识，创造性歌唱的表现能力也获得一定的发展。对于简单的所熟悉歌曲，儿童能初步进行续编歌词、为歌词创编动作等创造性活动。

4～6岁的儿童在良好的教育影响下，逐步积累了一定创造性歌唱的经验，有了较强的创造性歌唱意识与能力，并努力使自己的创造性表现更独特、更完美。在教师的启发下，他们能很快地续编、改编所熟悉的歌曲的歌词，并进行即兴编唱。同时，儿童还会将熟悉的歌曲进行演唱方式的改造，边唱边创造性地加上身体动作表演等。

十、表现与表达方面

3岁之前的儿童由于缺乏协调一致的意识和能力，在集体歌唱时还不会相互配合，只是自顾自地歌唱。儿童在集体场合的表现与表达受性格特征的影响，表现出很大的差异性。有的儿童能大方地、全身心地投入到歌唱表演中去，而有些胆小的儿童却羞于表现。

在表现与表达方面，3～4岁的儿童对歌唱活动表现出极大的兴趣，尤其偏爱生动活泼，情绪热烈的歌曲，对音乐的表现欲望和表现能力显著提高。3岁儿童的合作协调能力相对较差，在集体歌唱时超前拖后的现象较为普遍。经过正确的教育引导和反复练习，通常到3岁末期，儿童逐渐能懂得在音量、音色、速度、力度等方面与集体保持一致；知道通过改变自己的音色和声音的强弱、快慢来更好地表现歌曲内容。在这个过程中，儿童能逐渐体验到集体歌唱的乐趣。

随着认知能力的不断发展，5～6岁的儿童对歌曲的内容、情感等方面的理解有了一定程度的提高。歌唱时，他们能在教师的引导下，有意识地在歌曲的力度、速度等方面进行变化来更好地表现歌曲的内容和情感；同时，还可以利用前期积累的经验进行简单的创造性的表现活动。在集体歌唱时，他们与他人的协调性有了进一步的增强。他们能有意识地在音色、表情以及歌曲的速度、力度等方面与集体保持一致；能初步学会听前奏、间奏来唱歌；能协调地进行齐唱、分唱等歌唱形式。

第四节　歌唱活动中的教学障碍与消解策略

一、儿童嗓音嘶哑，歌唱声音质量整体偏差及其消解策略

目前不少学前儿童在歌唱时嗓音嘶哑、声音质量差，嗓音保护意识严重缺乏。

典型案例：在儿童演唱歌曲时，我们常常看到有些孩子在情绪高涨时，越唱越带劲儿，调越高还越要顶上去，致使面部涨得通红，颈部青筋凸起，认为声音越大，歌越好听。有关的调查结果显示，目前学前儿童嗓音嘶哑、声带增粗、小结或患急慢性咽炎等相关疾病的现象十分普遍。相当一部分孩子在歌唱时的发声方法不正确，扯着嗓门唱歌的现象比比皆是。

诊断与消解：嗓子是表达情意的天然"乐器"，在歌唱教学中教会儿童正确而恰当地使用嗓音，注意保护好儿童的天然"乐器"是教师不可推卸的责任。造成学前儿童嗓音嘶哑的原因是多方面的，而教师自我嗓音保护意识不强、发音方法不当以及对儿童嗓音保护意识严重缺乏是其中十分重要的原因。

教师的发音方式是儿童模仿的榜样。尽管不少教师音乐素质不错，但其发音方法不当，声带闭合不紧导致声音沙哑。这不仅影响歌唱时的审美效果，也潜移默化地让儿童习得错误的发声方式。在日常教育教学过程中，教师应通过自己的正确示范为儿童提供正确的共鸣位置和美好自然声音的良好榜样。正确的共鸣与发声位置首先应是"头面部共鸣和向前唱"。这既能有效保护教师自己的嗓音，也是使儿童获得童声清澈明亮音色的最自然的方法，更是能使儿童避免将声音压在喉咙里或压在胸腔里最自然的防范措施。其次应是"从轻声入手和有控制地进行情感表达"。不少教师自己在唱歌时大声喊叫，还要求儿童也要大声唱，结果搞得一个原来很不错的歌唱活动充满噪音，影响教师和儿童的身心健康。所以，轻声、像"耳语"似的歌唱是儿童歌唱的"入门要诀"。教师和儿童应通过不断的练习养成这种发音习惯。此外，教师语言讲解的发音方式以及提供的琴声伴奏也应尽量保持"轻声高位"的标准。

二、学前儿童的歌唱水平未能得到循序渐进的提高及其消解策略

走进幼儿园歌唱活动现场，人们常常会发现教师预设教学的歌曲是儿童较为熟悉的歌曲。有的儿童已经会唱其中的几首。但教师煞费苦心地开展一次集

中歌唱活动后，不少儿童不会唱的地方还是唱不好，在原先唱错的地方还是不断出错。此外，儿童的歌唱表现力未能得到循序渐进地增强。很多儿童到了大班，歌唱时的音准、节奏感与该年龄的儿童所应达到的要求存在差距，歌唱时缺乏应有的表现力。

典型案例：在教唱动画片《机器猫》中的主题曲《哆啦A梦》时，教师一开始范唱，儿童马上就开始兴致勃勃地跟唱。结果，儿童在"还要编个都是漫画、巧克力和玩具的家"等地方自始至终都会唱错。又如，儿童在演唱《打电话》时，将第二段的"喂喂喂"始终唱成与第一段相同的"哎哎哎"等。

诊断与消解：上述现象与不少教师刚开始范唱就允许或者鼓励儿童马上跟唱不无关系。儿童在开始歌唱之前，必须先有正确范唱的清晰表象。因此，教师应保证儿童在演唱前保持安静，反复倾听数遍教师清晰、自然而富有感情的范唱，不要急于要求儿童边听边做动作或者马上进行模仿、跟唱。同时，教师还应注意认真倾听儿童的演唱，一旦发现问题应及时采取方法阻断并纠正儿童的错误，不要等儿童的错误基本定型后才予以纠正。

三、学前儿童的歌唱记忆能力不断下降及其消解策略

歌唱记忆能力主要指的是学前儿童对已经学过的歌曲旋律与歌词的再现能力，即儿童能较为准确地再现学过歌曲的旋律与歌词。而目前学前儿童对新近学习的歌曲难以回忆起来，或回忆的错误率极高。

典型案例：在歌唱活动中，当儿童听着琴声伴奏、看着图谱时，好像都会唱了，但是活动结束不久，儿童常常已经基本忘记所学的歌曲。在教师让儿童脱离图谱演唱时，很少有儿童能唱出较为完整的歌曲。

诊断与消解：教师在歌唱活动中，常常满足于不断地教新歌，较少复习、巩固学过的内容。这是导致学前儿童歌唱记忆能力下降的主要原因。因此，教师不应急于不停地教唱新歌，而应及时开展各种复习与巩固活动；同时，提倡老歌新唱，经常启发、鼓励儿童运用学过的歌曲旋律创编新的歌词，进行自主演唱；教师还可把歌曲的图谱贴在活动区，让儿童在自由活动时间反复看和唱；此外，在一次歌唱活动中，应逐步减少儿童对图谱的依赖，等儿童初步会唱以后，逐步撤走一些图谱，最后可让儿童凭记忆表象歌唱等，以培养儿童的音乐记忆力。

第六章 学前儿童韵律活动实践指导

韵律活动是学前儿童喜欢的音乐活动之一。在日常生活中，人们常常可以看到学前儿童听到喜欢的音乐会情不自禁地手舞足蹈。这是他们对音乐的直觉的、自然的、即兴的反应。他们在用肢体动作表现对音乐特有的感觉与理解。韵律活动在调节学前儿童的情绪、发展动作协调性、培养学前儿童的想象力和创造力等方面起极大的作用。

第一节 韵律活动的教育内容

一、律动及律动组合

（一）律动

"律动"两个字是从希腊语"ryhmos"变化发展而来的，在英语中为"rhythm"。从字面上讲，律动可以理解为有规律、有节奏的运动，指人的身体伴随音乐节奏产生的动作。律动可以分为基本动作、模仿动作和舞蹈动作。

1. 基本动作

基本动作是指儿童以反射动作为基础发展起来的日常生活动作，如走、跑、跳、拍手等。

2. 模仿动作

模仿动作是指儿童对特定事物的外形或运动状态进行模仿的身体动作。可以分为下面几种类型：动物的动作——蝴蝶飞、鱼儿游、马儿跑等；自然界的现象——打雷、下雨、吹风等；日常生活动作——刷牙、吃饭、洗脸等；成人劳动或者活动的动作——扫地、擦桌子、骑车等；儿童游戏中的动作——滑滑梯、踢毽子、捉迷藏；等等。

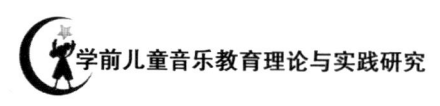

3. 舞蹈动作

舞蹈动作是指经过多年的积累，已经具备了基本程式化的表演性动作。一些基本的舞步，是学龄前儿童需要掌握的，例如：小班的儿童要掌握小碎步、小跑步等；中班的儿童要掌握跳步、垫步、踢踏步等；大班的儿童要掌握交替步、跑跳步、进退步等。

（二）律动组合

律动组合是指按一首完整音乐的结构组织起来的一组韵律动作。幼儿园音乐教育活动中采用的律动组合一般分为节奏动作组合、模仿动作组合、舞蹈动作组合。

1. 节奏动作组合

近年来，我国的许多节奏动作组合都是从国外引进的。这种组合中的动作一般都是像击打、顿踏这样简单的动作，而且通常都可以发出声音。例如，击掌、对身体的某个部位进行拍打、拉手、脚用不同的方法进行顿踏等。像这样的组合比较注意动作和节奏的组织结构，通常没有具体的象征意义。

2. 模仿动作组合

模仿动作组合是指以模仿动作为主的韵律动作组合。这种组合一般也注意动作的组织结构，但更注意模仿对象的表现，例如：小朋友睡醒起床，小朋友去果园劳动，小朋友和大家一起跳丰收舞，小朋友带着丰收的果实回家，等等。

3. 舞蹈动作组合

舞蹈动作组是指以舞蹈动作为主的韵律动作组合。这种组合比较讲究动作的组织结构，包括表现简单情节的表演舞组合，也包括注重队形在空间中的变化和舞伴之间的配合、交流的集体舞组合，还包括在结构类型和结构方式上都比较自由、即兴的自娱舞。

二、舞蹈

舞蹈是动作的艺术，是通过音乐和动作塑造具体形象、表现一定主题、反映社会生活、抒发感情的一种视觉表演艺术。

幼儿园舞蹈的内容主要由一些基本舞步、简单的上肢舞蹈动作，以及简单的队形变化构成。幼儿园常见的舞蹈形式有以下几种。

（一）集体舞

大家一起跳，有严格队形，基本上做同样的动作，跳完一遍以后可以更换舞伴。这是人人都可以参与的一种舞蹈形式。

（二）邀请舞

它是集体舞的一种变形，通常先有一部分人为邀请者，与被邀请者跳完一遍后，双方互换角色继续跳舞。这是儿童最喜爱的一种舞蹈形式。它可以是没有队形的，也可以是围成圈进行的；舞伴之间的关系可以是始终固定的，也可以是不断变换的。

（三）小歌舞或童话歌舞

这是一种综合性较强的舞蹈形式，有一定的情节，分几个角色，可以将说、唱、跳几种音乐活动综合在一起，并用歌舞的形式表演出来。这也是一种古老而极具生命力的儿童音乐活动形式。

（四）表演舞

表演舞又称情绪舞，表演者人数有限，一般几人至十几人，可以有简单的队形变化。这种舞蹈可以在平日所学的简单舞蹈的基础上加工而成，并常见于节日或文艺演出等活动中。

（五）自编舞

儿童在已经掌握基本舞步、舞蹈动作的前提下，根据对音乐情绪、性质的感受，随音乐自己创造性地编出各种舞蹈动作，以表达自己对音乐作品的理解。

（六）领舞群舞

领舞群舞是以单独舞者为主，以集体舞者为辅的一种合作表演的舞蹈形式。舞蹈中的主导、辅助关系是有规定的，表演者必须严格遵照执行。

三、音乐游戏

音乐游戏是在音乐伴随下进行的游戏活动。它既是一种特殊的韵律活动，又是一种有规则的游戏。音乐和游戏之间是相互促进、相辅相成的。在游戏过程中，音乐可以起到指挥、促进的作用。同时，儿童通过游戏的方式又能够更具体、形象的感受音乐。正因如此，很多儿童都非常喜欢音乐游戏。

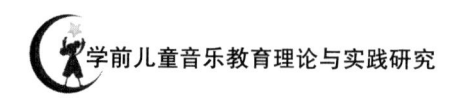

音乐游戏的种类有很多。人们对其进行分类的方式也不一样。就目前幼儿园的音乐游戏活动的实践而言，笔者大致做以下归类。

（一）根据游戏的内容和主题分类

根据游戏的内容和主题分类，音乐游戏可以分为有主题和无主题的音乐游戏两类。

1. 有主题的音乐游戏

有主题的音乐游戏一般有内容、有情节、有角色，能表现出鲜明的形象和动作。例如，音乐游戏《捉小龟》表现了一群小龟在水里一会儿游来游去，一会儿捉鱼虫吃，最后碰到人们拿着渔网来捕捉。儿童可扮演小鱼和渔网，随音乐做动作。

2. 无主题的音乐游戏

无主题的音乐游戏一般没有特定的情节，儿童跟随着音乐做动作或者变换各种队形，有捕捉类的、猜想类的、竞赛类的。如抢凳子游戏。在游戏开始前，先在中间摆放好凳子；然后，儿童随着音乐围着凳子转圈走，也可以做自由的动作；最后，当音乐停止时，儿童必须迅速地坐到一把凳子上，没有坐到凳子的儿童就会被淘汰。

（二）根据游戏的形式分类

根据游戏的形式分类，音乐游戏可以分为歌舞游戏、表演游戏和听辨反应游戏。

1. 歌舞游戏

所谓歌舞游戏，是指以歌舞为基础，人们按照歌词、节奏、乐句和乐段的结构设计出动作，然后进行游戏。这类游戏可以设置专门的故事情节和角色，也可以不设置。游戏规则一般都在歌曲的结尾处，如《拉拉手》《猫捉老鼠》等游戏。儿童在学会演唱歌曲的基础上，要根据歌词的意思做出表演动作。

2. 表演游戏

所谓表演游戏，是指按照故事，人们专门设计不同的音乐，做不同的动作来进行游戏。在游戏内容方面，表演游戏要有具体的故事情节和角色；在游戏形式方面，要有很强的表演性。例如，在进行《熊与石头人》游戏时，儿童要根据故事情节，伴随着三段不同的音乐，按照自己的角色进行表演。

3. 听辨反应游戏

听辨反应游戏并没有固定的情节或者内容,主要以儿童对音乐要素的反应和理解为主,侧重的是儿童对于音乐的分辨和判断力。例如,游戏《奇怪的声音》就要求儿童分辨出声音的强弱,并根据声音的强弱,用手和脚做出相应的反应。

因此,幼儿园音乐教育应让音乐游戏贯穿始终。在音乐游戏教学中,教师应注意以下几点。

其一,鼓励儿童大胆创造。音乐游戏本身就是一种创造性的游戏形式,教师要为学前儿童提供充足的音乐时间并选择适合儿童的、兼具趣味性、娱乐性的游戏材料与内容,让儿童情不自禁地投入到音乐游戏中去,鼓励儿童大胆创编动作,在满足其好奇心与兴趣的同时,培养儿童的想象力、创造力。

其二,组织形式要灵活多样。教师可以尝试以多种方式进行一个音乐游戏,从中找到最适合学前儿童的方式。例如,在进行《找朋友》的音乐游戏时,教师可以采取一对一的玩法,即大家围成一个圈,请一个儿童在中间找朋友;也可以采用散点式的方法,即全班儿童一起找,可以一对一地交朋友,也可以四五个儿童一起交朋友。

其三,应使音乐游戏中各种元素相互渗透。在幼儿园音乐教育中,歌曲、律动、舞蹈、游戏等都是可以互相渗透的。对于一首好的儿歌或乐曲,教师只要添加一些游戏的元素,制定一定的规则,就可以将之改成一个好的音乐游戏。如歌曲《找小猫》《丢手绢》等,它们既是好的歌曲,又是好玩的音乐游戏。

第二节 韵律活动的设计和组织指导

一、韵律活动的设计

(一)示范—模仿—练习模式

示范—模仿—练习模式是传统韵律活动教学中比较常见的教学模式。该模式主要将教师事先编好的舞蹈动作教给儿童,其主要教学程序如下所示。

①教师使用儿童感兴趣的方式引出主题。
②教师反复示范新的动作或者动作组合。
③教师用简单的、儿童易接受的方式向儿童讲解动作要领或动作组合结构。
④教师慢慢地带领儿童做动作或动作组合。

⑤教师充分调动儿童的积极性，使其用不同的方式进行动作练习，最终熟练掌握。

此种设计方式适用于舞蹈基本动作的教学，见下例。

例6-1

大班韵律活动：《小蝌蚪》

活动目标：

①让学生先感受"水中芭蕾"的优美，再根据歌词的内容和对歌词含义的理解，设计出合适的动作。

②使学生将舞蹈动作融入故事情节中。

③使学生尝试用不同的造型合作表现音乐，与同伴亲密交流、合作，能注意与同伴保持适当的空间距离。

活动准备：

①音乐多媒体设备、铺有地毯的场地、音乐磁带、录音机、彩条、牛筋。

②儿童日常观察小蝌蚪游动姿态的记录卡。

③欣赏"水中芭蕾"录像。

活动过程：

①儿童跟随《小蝌蚪》的音乐，有感情地哼唱歌曲。

②教师与儿童讨论自己在观察小蝌蚪游动姿态时填写的记录卡，尝试用动作大胆表现。

③教师在音乐伴奏下表演舞蹈，儿童欣赏，感受教师动作的优美，并初步学习动作。

④儿童据情节提示来记忆动作顺序。

"上山坡，下山坡，我们一起走下坡。一会上，一会下，小脚也该休息一下。小屁股转一转，玩一玩。小屁股转一转，玩一玩。膝盖弯一弯，膝盖弯一弯，小脚打开玩一玩，小脚合上玩一玩，小手拉上举起来"。

⑤儿童随音乐完整地表演若干次，教师逐步减少语言提示，并借助于语言把儿童的情绪推向高潮。

⑥教师要引导儿童根据自己的理解，用动作大胆地合作创编。

a. 鼓励儿童尝试用不同的造型，合作表现"一串动听的乐谱"。

b. 创设"小池塘"情境，让儿童自由表演。

上述韵律活动《小蝌蚪》的基本动作学习部分基本上采取了示范—模仿—练习模式。由于教师富有感染力的示范以及生动的语言讲解，儿童学习的积极性很高，同时能有效提高学习与记忆动作的速度与效果。

示范—模仿—练习模式适用于韵律活动中以基本动作学习为主的活动，对帮助儿童学习基本动作、增强儿童动作的协调性与表现力等方面有较积极的作用。但是，教师在运用时应摆脱机械灌输与训练的教学方式，注重调动儿童主体性与积极性。

（二）支架学习模式

学前儿童韵律活动常常离不开动作的学习，支架学习模式旨在提供儿童能够直观感受、理解并喜爱的学习支架（可以是图片、图谱、动作、语言等材料），引导儿童通过对这些支架材料进行主动的学习和自主的探索，掌握韵律活动的基本动作，并能够根据自己对音乐的理解连贯而富有表现力地表现出来。该模式的主要程序如下所示。

①教师创设情境，引导儿童欣赏音乐，感受、体验、理解音乐的情绪与内容，丰富儿童的音乐经验，诱发儿童学习、探究的欲望。

②教师提供直观的学习材料，并帮助儿童理解该学习材料的意义与使用方法。

③儿童跟随材料自主学习。

④教师引导儿童相互分享、交流各自的学习体会与成果。

⑤儿童在音乐伴奏下完整表演整个作品。

例 6-2

大班韵律活动：《小哪吒》

活动目的：

①使学生体验舞蹈活泼的情绪，初步感受舞蹈的音乐美和动作美，体会"小哪吒"的艺术形象。

②使学生认真观察动作图谱，自主学习舞蹈动作，尝试根据音乐节奏编排动作，完整表演舞蹈。

③激发学生对舞蹈活动的兴趣，体验参与的快乐。

活动准备：

①教师使学生熟悉歌曲《小哪吒》，以及"小哪吒"的艺术形象。

②《小哪吒》歌曲 CD、CD 机、道具乾坤圈人手 1 个、动作图片 1 组。

活动过程：

①儿童完整欣赏舞蹈表演，初步感知舞蹈的音乐形象。

②教师引导儿童就"小哪吒"艺术形象进行讨论。

③教师引导儿童观看动作图片，播放《小哪吒》背景音乐，自主学习舞蹈动作。

④教师组织儿童共同练习舞蹈动作。

⑤儿童分段倾听歌曲，讨论、编排、学习舞蹈动作。

⑥教师引导儿童欣赏、创编造型动作，激发其合作表演的兴趣。

⑦儿童手持道具"乾坤圈"，随音乐表演1~2遍，同时尝试与同伴合作表演。

对于《小哪吒》歌曲，儿童耳熟能详。少年英雄"小哪吒"的艺术形象是学前儿童既熟悉又喜爱的，其年纪又与小朋友相仿，所以儿童一听到音乐就不由自主地手舞足蹈。该歌曲的舞蹈动作主要是手臂和腿部的动作，舞蹈表现的内容就是歌词中表现的各种动作形象。所以，教师可以通过提供各种动作图谱的学习支架，先引导儿童根据歌词内容自主选择、学习模仿，再让儿童集体进行交流，最后让儿童伴随音乐完整表演出来。由于学习支架的直观生动，儿童的整个学习活动显得自主、轻松与快乐。

（三）生活化律动创编模式

学前儿童在生活中积累了一定的动作经验与生活体验。生活化律动创编模式可以引导儿童对其生活中的动作经验进行迁移，将之艺术化，并配合适宜的音乐，运用身体动作进行创造性地表现。运用该模式的关键在于儿童已经积累了相关的生活经验与动作基础，具备一定的运用身体动作表现音乐的能力。教师的作用主要在于鼓励、启发、引导，并对儿童创编的动作进行必要的艺术加工与提升，使儿童的动作更具表现力。该模式的主要程序如下所示。

①儿童认真倾听音乐，感受音乐的旋律、节奏等并想象音乐所表现的主题。

②教师用各种方式引发儿童的生活体验，并通过直观的方式（如图片、幻灯、录像等）再现生活经验，激发儿童探索的欲望。

③儿童自由探索用身体表现生活的方式。教师予以观察与引导。

④儿童通过同伴间的观察、学习与评价，丰富自己的动作表现形式。

⑤通过教师示范（或者播放视频），儿童欣赏、感受艺术美，提升动作表现的水平。

⑥儿童大胆随音乐进行创造性的表现。

例6-3

大班生活化律动活动：《天鹅》

活动目标：

①使儿童认真倾听音乐，感受音乐的旋律美。

②使儿童仔细观察天鹅的图片，感受天鹅的优雅，并尝试用肢体创造性地表现天鹅的各种造型。

③在随乐即兴表现的各层次游戏中，使儿童体验即兴创编带来的乐趣。

活动准备：

①经验准备：儿童已经到动物园参观过天鹅并拍下其各种造型的照片，欣赏过有关天鹅的纪录片，听过有关天鹅的故事与音乐。

②物质准备：不同姿态的天鹅图片、边长 1.5 米的方形纯色布单 1 块、《天鹅》歌曲 CD、CD 机。

③环境创设：将儿童参观的照片以及从网上收集到的天鹅的各种照片张贴在墙面上，供儿童欣赏、模仿。

活动指导：

①教师出示天鹅的图片，引发儿童的记忆与经验。

②儿童倾听音乐，随音乐想象并尝试用身体律动感受音乐。教师用简单、对称的身体律动引领儿童来感受音乐的旋律美。

③教师选出三张造型不同的天鹅照片，和儿童一起欣赏，引导儿童进行模仿，根据天鹅的造型做出动作。

④教师借助传递游戏，引导儿童通过散点上的传递及圈上的单人传递，尝试随乐舞动并创编动作。

⑤教师一边跳舞一遍讲述天鹅的故事，使儿童能进一步感受舞蹈的魅力，从而喜欢上这样的表达方式。

活动建议：

①教师引导儿童自己用绘画或肢体动作等再次感受音乐。

②儿童继续借助图片，通过已有的单人到双人的造型经验模仿创造出多只天鹅的动作造型。

③教师将音乐放在音乐表演区内，让儿童运用教师所提供的材料，如头饰、纱巾或服饰等道具进行表演。

运用该模式的关键在于儿童已经积累了相关的生活经验与动作基础，具备一定的运用身体动作表现音乐的能力。教师主要的任务在于鼓励、启发、引导，并对儿童创编的动作进行必要的艺术加工与提升，使得儿童的动作更具创造性与美感。

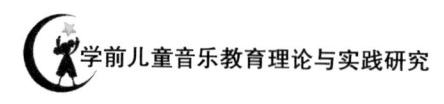

（四）快乐游戏模式

快乐游戏模式是一种引导儿童感受音乐并以玩游戏为主的韵律活动模式。该模式的主要程序如下所示。

①教师将儿童引入游戏的情景中。

②教师引导儿童感受音乐，重点感受音乐的节奏，以及音乐中与游戏情节、规则等相关的部分。

③教师引导儿童对某些角色动作进行练习。

④儿童在教师指导下伴随音乐进行游戏。

⑤儿童听音乐（或随音乐歌唱）自主进行游戏。

例6-4

小班音乐游戏：《库企企》

作品分析：

《库企企》节奏欢快，富有感染力，是比较适合小班儿童的音乐。其中"库、库、库企企"的念白，更是朗朗上口，易于感知和模仿。念白之前的音乐有很明显的X-X-|X-X-|节奏。教师可利用念白特点创设"魔法游戏"，将念白游戏化为魔法咒语，将之前的X-X-|X-X-|节奏设计为吃魔法糖的节奏音乐，以激发儿童的兴趣。

活动过程：

①教师让儿童跟着音乐有节奏走：去魔法城。

引导语："小朋友，现在我们一起去魔法城，学做小小魔法师吧！"

②教师指导儿童玩"吃魔法糖"的游戏，引导儿童用声音表现节奏X-X-|X-X-|

引导语：

"要想成为小小魔法师就得先吃下这四颗魔法糖。你们想尝尝吗？这么大的魔法糖可得张大嘴巴'啾'地一口吃一个。"

"我们一起再吃一串吧，这样我们就会充满神奇的力量！"

③儿童学说魔法咒语。

环节1：教师和儿童一起完整地欣赏一遍音乐。

引导语："吃完了魔法糖我们还要学念魔法咒语，魔法咒语是什么呢？它藏在一段音乐里，我们一起来听听音乐，然后把它找出来！"

环节2：教师用动作提示引导儿童发现音乐中的魔法咒语，并学说"库、库、库企企"。

④儿童当魔法师，玩魔法游戏。

环节1：巩固节奏。

引导语："现在你们就是小小魔法师了，想试试你们神奇的魔力吗？想不想把教师变成小动物？变什么小动物？"

环节2：教师当魔法师，儿童玩魔法游戏。

全体儿童根据教师的要求变成各种小动物，用肢体动作大胆表现动物形象。

环节3：儿童相互找朋友玩魔法游戏。

环节4：儿童当魔法师大胆找客人、教师玩魔法游戏。

⑤小小"魔法师"随音乐自然出场。

⑥活动延伸：

教师可根据儿童的认知水平，将变各种动物这一环节内容进行调整，如变各种日用品、交通工具等。

（五）交流互动模式

学前儿童的集体舞教学活动不应以动作与队形的学习训练为主，而应以儿童在随乐动作中的交流、互动为主。动作与队形是为集体舞活动中的交流服务的。

例6-5

大班音乐游戏：《洗衣服》

①角色设计：大部分儿童手拉手围成一个圆圈（做成"洗衣机"），蹲下准备；4名儿童扮演"衣服"在洗衣机外准备。

②前奏：往洗衣机里放脏衣服。放水后，衣服慢慢起来

A段：洗衣服。衣服顺着洗衣筒的方向转（走）。

B段：甩干衣服。衣服也顺着洗衣筒的方向转（跑）。

③尾声：晾衣服，收衣服。

活动目标：

①使儿童了解有关洗衣机方面的游戏知识，与同伴合作，尝试用不同的动作来表现洗衣机洗衣服的程序。（放脏衣服→放水和洗衣粉→洗衣服→甩干衣服）。

②通过学习，儿童尝试根据游戏的情节来记忆动作的顺序。

③儿童在进行转圈圈的动作的时候，可以控制圈子的大小，可以和小伙伴协调动作。

活动准备：

①物质准备：前奏A段＋B段＋尾声；洗衣机洗衣服的流程图；半圆形座位布置（前方有足够空间进行圆圈移动）。

②经验准备：在家长的帮助下，儿童在家中观察洗衣机洗衣服的整个过程。

活动过程：

环节1：教师用故事情境导入，引出活动。

教师：一个星期下来，家里堆了一堆的脏衣服。让我们用洗衣机来洗衣服，怎么洗呢？

环节2：教师将洗衣机洗衣服的流程图再展示一遍，帮助儿童回忆洗衣机洗衣服的过程，并且尝试创编动作。

教师：洗衣服时第一件事情要干什么？放过水之后，衣服会怎么样？水放好了，洗衣机开始转了，它是怎么转的？快要洗好了，最后洗衣机要干什么？甩干后的衣服在洗衣筒里是什么样子的？

注意：儿童回忆洗衣机洗衣服的流程，并用动作自由创编相应的情节所需的时间往往过长，此时，教师可让儿童用动作来表示洗衣机洗衣服的流程，并用精练的语言进行概括，以缩短时间。

环节3：儿童在座位上用自己创编的洗衣动作感知音乐。

教师：让我们一起跟着音乐来洗一洗衣服吧！

注意：在此环节中，教师需要引导儿童跟着音乐的节奏一下一下地洗衣服。当儿童随音乐用自己创编的动作来"洗衣服"时，教师可按节奏指图，以提醒儿童洗衣的程序和音乐的节奏。

二、学前儿童韵律活动的指导要点

（一）在日常生活中丰富儿童的节奏与动作图式

生活中充满着各种各样的声音与节奏，教师要有意识地引导儿童倾听与回忆，增加儿童的节奏表象。例如，教师可与儿童一起倾听与回忆厨房里的声音，如水声，哗啦啦；炒菜声，嚓嚓嚓嚓；客厅里的电话声，丁零零；门铃声，叮咚——叮咚——；喝水声，咕咚、咕咚；等等。

生活中的动作是舞蹈动作的基础，教师应有意识地引导儿童观察、模仿生活中的各种动作，从而使其为韵律活动的学习与创编积累丰富的动作表象。

（二）降低动作难度，引导儿童进行合作与交流

相对而言，韵律活动是学前儿童常常感到困难的一种音乐活动，主要原因就是许多韵律活动材料难度太大，动作复杂多变，儿童难学易忘，教学单调枯燥。

因此，教师应根据学前儿童的实际情况选择与处理教材，对于难度太大的动作就应该降低动作难度，使得绝大多数儿童能较轻松地学会。一般韵律活动的动作不应变化太多。一段乐曲应允许儿童运用几个基本动作进行有节奏的自由表现，从而使其把更多的精力投注在韵律活动中的儿童之间的相互交流与合作上。

（三）尊重性别差异，为男性儿童提供相应的动作与表演道具

目前幼儿园音乐教育存在的一个突出问题就是女性化倾向严重，尤其是舞蹈教学更是"柔性"十足。兰花指、小碎步等女性化的动作充斥着儿童的韵律活动，使得男性儿童对舞蹈学习丧失兴趣，或娘娘态十足，严重影响他们的个性成长。因此，教师在选择韵律活动的教学内容时应充分考虑儿童的性别差异，适当选择富有阳刚之气的音乐及动作供男性儿童学习，如《小小男子汉》《中国功夫》等。因此，教师无论是在活动内容上，还是在形式上都应充分考虑儿童的性别或性格差异，给儿童提供更多的自主选择空间。例如，在韵律活动《老鼠嫁女》中，儿童可以根据个人喜好自主选择喜欢的道具，扮演唢呐手、轿夫、新娘、媒婆等角色进行艺术表演。

（四）动静交替，注意活动量的调控

在韵律活动中，一次活动不应包含太多的学习内容，时间也不宜太长。教师要注意调控儿童的活动量，动静交替，避免儿童过于疲劳。

有的教师组织活动时常常忽略了对儿童活动量的调控，在整个活动过程中始终让儿童站着学习动作或者表演；也有的教师在整个活动期间，让儿童忽坐忽站，导致儿童注意力分散并且极易感到疲劳。教师在组织韵律活动时，有时可让儿童坐着学习或者创编上肢动作，再让其站起来学习或配合脚步动作；有时可让部分儿童出来表演，其余儿童欣赏学习；等等。总之，教师应采取多种形式，动静交替，保证儿童身心舒适愉快地活动。

第三节　学前儿童韵律能力的发展与提升策略

一、学前儿童韵律能力的发展

（一）身体动作能力的发展

研究表明，儿童随意的身体动作发展遵循一定的顺序：先发展躯干、四肢的大动作，再发展手部、脚部以及关节等部位的精细动作；先发展"非移位动作"，再发展"移位动作"；先发展"单纯动作"，再发展"联合动作"。

婴儿期的动作发展呈现从整体到局部，从粗大动作到精细动作，从不随意发展到随意发展的特点。

0～1岁婴儿动作发展顺序为抬头、俯卧、翻身、坐、爬、站、走。2岁左右儿童能够爬、走、滑、滚、拍、推拉，能做一些较精细的动作，如敲小鼓、扔小球等。

3岁的儿童，已经基本上能够做到像拍手、摇动手臂、用手指身体部位这样的小幅度的动作了。在良好的教育影响下，儿童能逐步学会更自如地运用手、臂、躯干来做各种单纯动作，能够做出一些简单的联合动作，如边拍手边点头、边拍手边摇动身体等。到了3岁末期，儿童已能较自由地做一些单纯的连续移动动作，如走路、小碎步、小跑步等，并出现了上下肢联合的简单复合动作，如边走路边吹号，边小碎步边学鱼游、开飞机等。

4～6岁的儿童在良好的教育影响下，身体动作获得较大的发展。儿童可以做较精细的手部、脚部动作，可以做比较复杂且更加协调的联合动作，可以学会较复杂的连续移动动作，如垫步、华尔兹步、进退步、弹簧步、秧歌十字步等。到了6岁末期，部分儿童尤其是女性儿童，还会主动追求动作姿态的美。

（二）随乐能力的发展

随乐能力是指人在韵律活动过程中使动作与音乐协调一致的能力。儿童在这方面的发展也有一个较为缓慢的发展过程。

6个月的婴儿能对音乐做出主动的反应，用晃动的身体或转头表现感应，1岁半的儿童对刺激的反应能力明显提高，可以用不同类型的身体动作表现对声音的刺激。3岁儿童的动作能力已经开始发展，能根据音乐控制自己的动作，有意识地去敲击、演奏其感兴趣的玩具和乐器，动作与音乐的协调能力逐渐提高。虽然其动作多是零碎而不规律的。但教师和家长通过坚持不懈的培养和训练，会为其音乐的表现力和乐器演奏能力的发展奠定良好基础。

3岁的儿童虽已产生初步的随乐意识，但尚未形成使自己的动作与音乐协调一致的明确意识。在良好的教育影响下，儿童会注意到音乐的节奏，逐步学会跟随音乐节奏做动作，努力使动作和音乐节奏相一致，慢慢地学会对整体音乐结构做出反应。比如耐心等待前奏，整齐地随音乐的开始、结束做动作等。到了3岁末期，部分儿童还能对音乐的段落、句子做出反应。

4～6岁的儿童在良好的教育影响下，其随乐能力有了明显的提高。他们在做动作的时候能够主动关注音乐的节奏变化，能较敏锐地用动作来反映音乐的速度、力度等变化，逐步自如地随音乐的轻、重、快、慢等变化调整自己的动作。处在这一阶段的儿童，能够更充分地发挥出自身的音乐表现力，创造性更强。对于同样的音乐和主题内容，不同的儿童会尽可能地根据自己的表达经验创造出与别人不同的动作。

（三）合作协调能力的发展

韵律活动中的合作协调能力是指运用动作与他人配合、沟通、共享活动空间等的能力。

3岁前的儿童在韵律活动中的合作协调能力只是一颗尚未发芽的种子。3岁儿童进入幼儿园后，在良好的教育影响下，能很快形成"找个伙伴一起跳舞"的意识，他们逐步学会运用表情与体态，邀请或说服同伴一起跳舞，并能初步学会在移动中不与人相撞。3岁末期，儿童还可以学会两人甚至更多人一起合作表演。

4～6岁的儿童在良好的教育影响下，可以获得更多合作表演的机会，儿童的合作协调意识更加明确，合作协调技能也更加熟练、复杂。例如，儿童能迅速找到共舞的伙伴，接纳没有舞伴的儿童，学会小组合作创编表演动作，等等。

（四）创造性表现能力的发展

韵律活动中的创造性表现是指儿童运用身体动作创造性地表现自己的生活经验和思想情感的活动。

3岁前的儿童已有一些运用动作进行表达交流的经验，但尚未形成用动作进行创造性艺术表现的意识。

3岁的儿童在良好的教育影响下，初步获得了用身体动作进行创造性艺术表现的积极体验，开始主动追求创造性表现的机会。到了3岁末期，儿童已经能够学会将自己身边熟悉的日常物品或者熟悉的动物、植物、玩具、用品等用动作表现出来，并创造性地运用动作表现自己对音乐的联想与想象等。例如，听到轻快的跳跃音乐就主动地表现小兔跳，听到缓慢低沉的音乐就用身体动作来表现大象、笨熊等动物，听到进行曲就学解放军走路，听到缓慢轻柔的摇篮曲就学妈妈摇着宝宝的动作等。

4~6岁的儿童在良好的教育影响下，不仅能获得更多的创造性表现的经验，而且可以使用较丰富的动作语汇以及较为复杂的表现方式，其动作表现的积极性及表现力也越来越强。例如：同样是鸟儿飞，他们可以根据动作区分是鸟儿在晴朗的天空飞翔还是在暴风雨中飞翔；他们创编的巫婆与魔术师形象，有的是优雅的，有的是可怕的，有的是魔法无边的。

二、学前儿童韵律能力的提升策略

（一）积极践行创造性律动教学

在我国进行教育改革的背景下，"创造性律动"这一概念的提出具有重要意义，在幼儿园的韵律活动教学研究中有着特殊的教育价值。创造性律动教学在随音乐进行动作表达方面可以为儿童创造更多的机会，使儿童能够在其中更多地体验到自主探索和创造性地实现自己想法的乐趣。

设计和指导创造性律动教学需要教师自身具备丰富的律动舞蹈知识、娴熟的创造性思维技巧以及对幼儿在此方面发展潜能的了解和信任。我国目前的幼儿园教师和准教师（正在接受学前教育专业训练的学生）在创造性律动教学这方面的经验是比较有限的，但是，我们可以从以下这些方面汲取专业发展的营养。

①达尔克罗兹体态律动教学体系，奥尔夫教学体系等（阅读文献或参与现场培训）。

②当代各种专业表演实践活动（观看演出或影像资料）。

③社区中的群众业余文艺实践活动（观摩或参与活动）。

④儿童在幼儿园的自发表演游戏和教学活动中的创造性表现。

创造性律动教学可以分为两种：一种是"设计的"，就是指事先经过合理的设计，然后儿童按照设计好的方案或者思路进行律动表演；另一种是"即兴的"，指事先没有安排，儿童仅仅靠着直觉进行律动表演，边想边进行律动表演。创造性律动可以由教师指导进行，也可以由儿童组成的小组协商进行。以上这些思考的角度不是非此即彼的，而是根据活动内容和班级儿童的具体情况，由教师或儿童自主选择决定的。下面我们来看一些范例。

例 6-6

中班韵律活动：《春天的韵律》

活动目标：

①使儿童感受并尝试表现音乐旋律的美。

②使儿童尝试创造性地、合作地表现各种花的造型。

③儿童通过模仿穿插缠绕，能够体验到同伴间合作的乐趣。

活动准备：

①绢花两枝，花海道具3块，背景音乐。

②在第一课时中丰富了儿童对花卉的感性知识，并对乐曲《茉莉花》的情绪、乐句进行分辨。

活动过程：

①学生在《蜗牛与黄鹂鸟》的背景音乐下律动。

②学生欣赏音乐《茉莉花》，巩固对乐句的分辨。

教师："现在是什么季节？春天到了，柳枝发芽了，绿茵茵的草地上开满了各种各样、五颜六色、色彩斑斓的小花。上节课我们欣赏了一段关于春天的音乐《茉莉花》，下面我们一起再来欣赏一遍，请小朋友在每一句的句尾把自己变成一朵漂亮的小花。"

③创编一枝花的动作。

环节1：教师出示一枝绢花，引导儿童观察它的结构。

教师：我们的身体是由哪几部分组成的？看，这是什么？（1枝花）小朋友来看一看这枝花是有哪几部分组成的呢？（花苞、叶子和花茎）。

环节2：教师依次弯曲绢花的头、叶子、茎，逐步过渡到整体，引导儿童尝试用肢体进行模仿和自由创作。

教师：这枝花发生了什么变化，能不能用你的身体学一学呢？好，现在我数一二三，请小朋友把自己变成一朵你最喜欢的花，你是什么花？

环节3：学生听音乐自由创编动作，鼓励孩子用柔美、舒展的动作随音乐自由发挥。

教师：现在我们来边听音乐边开花，请"小花们"注意每句的句尾一定要把自己变成最漂亮最可爱的。

④学生创编各种花开的动作。

教师：小花们做的造型真的是太美了，有含苞待放的，有枝繁叶茂的……那谁能来学一学小花是怎样一点一点把花开放的呢？花可以怎样开呢？请你用一种你最喜欢的方式边听音乐边开花。

⑤学生尝试和同伴用组合身体造型表现两枝花的造型。

环节1：出示两枝花，让两枝花缠绕在一起，请2名儿童上台表演。

教师：刚才是1枝花，小朋友们表演得非常好，现在又来了1枝花，看2枝花发生了什么变化？谁能来学一学。

环节2：教师改变两枝花的高低位置，引导儿童观察模仿。

教师应鼓励孩子两两结伴做动作，随时提醒儿童花的各种形态，注意提炼儿童的动作。

教师：看，又发生了什么变化？请你找一个好朋友一起来学一学。

环节3：两人自由结伴听音乐扮演"花束"，引导儿童做出"花"的高低层次变化。

教师：现在请小朋友们每人找一个好朋友，边听音乐边做花开的动作，在每一句的句尾变成2枝花的花束不动，要求2枝花定型时身体要有一个部位粘在一起或者交叉缠绕在一起，我们一起来试一试！

⑥教师引导儿童尝试配合。

环节1：教师让学生练习花海抖动，请6名儿童舞动花海，其他儿童扮花。

教师：花越开越多，开满了山坡，到处是花的海洋，一阵风吹来，花儿随风摆动，我们一起来学一学花儿是怎样与风儿做游戏的。草地上的花儿开了，高低不平的山坡上的花也开了，连山顶上也开满了花。谁愿意作风儿来抖动花海，请其他小朋友扮演美丽的花，可以1枝花开放，也可以2枝花开放，请你们找一个位置到花海中去，听音乐表演。

环节2：教师请2名儿童扮演蝴蝶，其他儿童扮演花，引导儿童尝试合作表演。

例6-7

大班韵律活动：捏泥人（以《喜洋洋》为背景音乐）

①儿童坐在椅子上，一边感受音乐，一边观看教师制作的图谱，做小幅度的上肢动作。

②儿童坐在椅子上，观看2名教师对律动的基本表现方式进行示范。

③教师邀请1名儿童作为被捏的泥人配合教师一起表演。

④教师邀请2名儿童进行捏泥人表演，并在必要的时候给予指导。

⑤全体儿童两人结为1组，配合进行捏泥人表演。

例6-8

大班创造性律动：《调皮的小老鼠》（以丹麦民间舞曲《七士进阶》为背景音乐）

环节1："毛线魔盒"探索游戏。

教师将事先制作好的"魔盒"拿上来，然后邀请儿童上来拉"魔盒"上的线。儿童一边拉，"魔盒"一边发出"吱吱"声，直到拉不动时，"魔盒"才停止发出声音。

环节2：假想拉线。

教师引导儿童进行假想拉线游戏，鼓励儿童创造性地从身体的不同位置拉出线，同时自由控制声音的长短。

环节3：模仿

教师在大屏幕上展示一张小老鼠的聚会图。学生将刚刚教师"魔盒拉线"游戏中表现声音长短的经验，运用到像"小老鼠扎气球"这样创造性的游戏中。

（二）认真实施集体舞教学

"集体舞"在遥远的古代曾经是人类社会中非常重要的一种社会交往和社会学习活动。在一定程度上甚至可以说，这是幼年的人类个体进入社会的门。20世纪50年代以来，集体舞也曾经是我国各级各类学校的重要学习内容之一。但是在20世纪60年代中期以后，集体舞几乎从我国教育机构的教学内容中消失了，至今仍然没有再出现。可见人们还没有能够认识到，舞蹈除了具有审美教育的价值以外，还有如下重要的教育价值。

第一，能够促进儿童合作意识、团队意识以及相应能力的发展，促进儿童社会交往意识以及能力的发展。

第二，感受快乐舞蹈的权利属于每一个人。来源于美好的生活，也可以使生活更加美好，促进儿童积极生活态度以及能力的发展。

第三，使儿童感受立体空间的变化规律和新奇魅力，增强儿童对音乐以及舞蹈动作、队形结构中的数学规律的敏感性。

第四，愉快的舞蹈活动既能锻炼人的身体，又能促进人的身心健康。

例6-9

中班集体舞活动：《猫和老鼠》

活动目标：

①理解故事所表达的意思，体会音乐中诙谐、欢快、跳跃的风格。

②进行故事情节累加、动作创编以及手部游戏，以此来感受音乐中的节奏和变化。

③进行游戏互动、模仿大猫，感受音乐带来的乐趣。

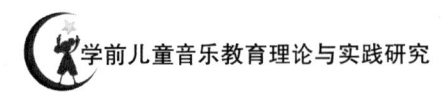

活动准备：

①物质准备：《香草咪咪》音乐剪辑 A 段（重复 2 次）+ B 段 + 猫叫尾声（A 段中，大猫走路的乐句音量增大，小老鼠走路的乐句音量减小）；半圆形座位布置（前方有足够空间进行集体散点移动）。

②经验准备：儿童应有"木头人"游戏的经验。

活动过程：

环节 1：教师导入故事，引出活动。

教师：有一个可怕的家伙住在小老鼠家的隔壁，它是谁呢？原来是一只很喜欢跳舞而且爱臭美的猫。大猫有个习惯，每个星期天的早晨都会出门去散步。隔壁的小老鼠们想跟它开开玩笑，就伪装成大猫的样子偷偷地跟在大猫的后面学他走路。

环节 2：学生倾听乐曲，区分乐句。

教师：大猫和小老鼠是怎么走路的呢？下面我们就听听这首乐曲中，哪一句表现的是小老鼠在跑，哪一句表现的是大猫在散步。

环节 3：儿童用动作整体感知音乐。教师和儿童分别扮演大猫和老鼠，用不同角色来感受乐句。

教师：那现在我来做大猫，你们来做什么？

儿童回答：我们做老鼠。

教师：大猫散步的时候，经过了小桥，走过了山坡，我们跟着音乐来试一试！

注意：教师随音乐用手指表现"大猫"在身体的各个部位"散步"。儿童用手指扮演"老鼠"，模仿"大猫"走路的节奏和散步路线。

环节 4：儿童创编大猫走路的动作并随音乐练习。

教师：这是一只喜欢跳舞的猫，走路的时候会有各种各样的动作！它是怎么走路的呢？谁想要试试呢？

注意：在儿童进行大猫走路动作创编的时候，教师要用准确的语言对动作特点进行描述，让大家一起分享，这样也可以为其他儿童拓宽创编思路。

教师：我们选了 4 个不一样的动作，我们跟着音乐来试试看。轻轻起立，站在家门口，大猫先走哦！

环节 5：师生伴随着音乐玩游戏。

教师做大猫，儿童做老鼠，随音乐游戏。

教师：小朋友们，准备好了吗？现在，爱跳舞的大猫要出门散步喽！出门注意哦！当大猫回头的时候，千万不能动哦！

注意：此环节中，教师扮演的"大猫"要不时地回头看看，并且用游戏化语言和儿童讨论怎样不被大猫发现，以此来帮助儿童在游戏时控制自己的动作。

第四节　韵律活动中的教学障碍与消解策略

一、儿童过度兴奋与情绪失控导致秩序混乱及其消解策略

在韵律活动中，最常出现且最令教师尤其是新教师害怕的就是教学秩序的混乱。因为教学秩序混乱经常导致整个教学活动的失控，甚至出现安全事故。

典型案例1：小班的新教师戴着可爱的猫头饰带领着儿童表演小猫走路、小猫吃鱼等动作。在儿童徒手学习动作之后，王老师拿出一个装满小猫头饰的筐子，对儿童说："请每个小朋友拿一个头饰戴好。"但是孩子们拿到头饰后，有的吵着要红色的，有的找教师帮忙戴，有的一下子就把头饰扯坏了，哭着叫教师换新的……音乐响起了，可是全班乱哄哄的，没有儿童把注意力集中到音乐与动作表演上。

典型案例2：在中班的儿童刚刚学习了一个舞蹈后，教师让儿童离开座位练习一下。可是当儿童们已经开始离开座位的时候，教师又突然想起来要说一下活动的重点。在教师说活动重点的过程中，儿童没有得到明确的指令，在教室内自由活动。随着自由活动的孩子越来越多，教室里也越来越混乱。

典型案例3：中班儿童在座位上学习了手部动作之后，教师组织儿童手脚配合进行随乐练习。张教师对大家说："请大家找个空地方站好。"孩子们兴奋地走下座位，都朝教师身边挤去……最后，全班儿童挤成一团。

典型案例4：小班儿童开展邀请舞活动，需要排成一个大圆圈。在组织儿童排成圆圈队形时，教师提出要求："请小朋友手拉手，围成一个大圆圈。"结果儿童动来动去，怎么也围不圆圈，最后教师一个一个地扯来扯去，这边扯圆了，那边又挤在了一起……

典型案例5：大班某教师在组织儿童开展创造性律动"煮面条"。原本教师的计划是当进行到"面条在锅里翻滚"时，让儿童模仿面条在开水中翻滚的动作，从而创造即兴的舞蹈动作。可是，两个乐句之后就开始有儿童骚乱，到了原定"面条在锅里翻滚"的自由表现情节的时候，儿童已经很兴奋了，整个乐段结束时，全体儿童已经乱成一团，不少儿童甚至摔倒在地。

诊断与消解：造成上述混乱状况的主要原因是多方面的，教师应有针对性地采取适宜的教育策略予以消解。

①韵律活动中儿童的散点站位容易导致混乱。相对于坐立状态，韵律活动中的散点站位是最为松散的组织状态，儿童没有座位的约束，脚步移动比较随意，容易产生"混乱"。为此，教师应注意合理安排散点站位的时机，不要一开始就让儿童一直站着，或忽站忽坐，必要时应再让儿童散点站立。同时，在儿童散点站立时，教师仍应保持对儿童的隐性控制，如用眼光注视每个儿童等。

②儿童的自制能力、空间能力等发展水平不足导致秩序混乱。学前儿童容易被道具吸引，喜欢与教师亲近，但缺乏主动调整与互享空间的能力。对于由儿童挤抢道具或道具使用不当等原因导致的混乱，教师要注意：第一，不要滥用道具；第二，所提供的道具应质地精良，不易损坏；第三，应将道具分散放置；第四，要从小培养儿童良好的取放道具的习惯。

③教师的语言提示时机不适宜或语言指令不够明确导致混乱。儿童不明确活动的要求与规则常常使韵律活动出现混乱，对于儿童挤到教师身边、相互挤成一团等导致的混乱，教师在儿童年龄较小时可以先在他们经常活动的场所进行预先的空间定位，如画图、画苹果等，然后逐步培养儿童共享活动空间的习惯。对于儿童不明确要求而导致的混乱，教师事先要周密考虑儿童的心理表现，语言提示应明确、细化。例如，"请大家找一个空位站好"这样的提示应是儿童已经有了很好的空间概念以及共享空间的习惯后使用的教学提示语。在初期，教师的语言应更明确，如"每个小朋友举起两臂，转一圈，不碰到别的小朋友的地方就是最舒服的位置"。

④教学组织的过分自由或者音乐速度太快导致儿童情绪失控。由于有的活动自由度太大，缺乏有效调控机制，致使儿童因过度兴奋而最终变得情绪亢奋。同时，个别儿童混乱状态未能得到及时制止，容易在全体儿童中弥散，进而造成全班性的混乱。另外，快速的音乐容易在听觉上刺激儿童的神经，导致儿童情绪激动。为此，教师可以通过音乐与动作的巧妙设计来调控儿童的自由度，保证活动自由、有序地进行。首先，教师选用的音乐的速度不要过快，以免影响儿童做动作的质量。一方面，儿童的动作无法跟上音乐的速度，只好草草了事；另一方面，太快的音乐容易扰乱儿童的心境，使其心烦意乱，从而影响秩序感的形成。音乐刚开始的节奏要尽量安静或者平稳，再慢慢开始逐渐加强变得比较欢快或有较大的节奏变化，易于被儿童接受，使儿童保持稳定的情绪，在音乐中感受到秩序感。其次，教师应使儿童开始的动作也要尽量简单、重复、一致，再鼓励儿童自由发挥，最终可以再回到开始时简单、重复、一致的动作；应使动作尽量从小幅度开始，再逐步加大幅度，最终慢慢回到原幅度。这样儿童的情绪容易安静，不会骚乱。同时，教师从一开始就要避免让儿童随意、重

重地跺脚，要养成儿童尽可能轻轻地、有控制地接触地面，从一开始使学生就养成轻手轻脚跳舞的好习惯。这无形中会增强儿童的纪律感。最后，教师可以巧妙设计游戏规则，适时调控儿童的动作及情绪。

二、儿童动作模式化严重，缺乏创造性与个性及其消解策略

目前，在幼儿园韵律活动中，儿童的动作表现出很明显的模式化，动作单一且千人一面。

典型案例：我们走进所有的幼儿园就会发现，几乎所有儿童在表演小白兔时，动作都是"两只耳朵竖起来，一蹦一跳往前跳"，在模仿鱼游、花开等动作时，不同地域的儿童几乎完全雷同。

诊断与消解：目前，不少教师采取的韵律活动的教学模式仍以"教师示范—儿童模仿—练习巩固"为主，从而导致儿童动作形式单一，缺乏个性与创造性。韵律活动中的基本动作教学应以生活中的观察与学习为基础，鼓励并引导儿童用富有个性的动作来生动地表现，避免千篇一律地模仿教师的标准动作。所以，教师首先应重视儿童生活经验的积累，注重在日常生活中或借助于各种电教手段引导儿童留心观察各种动物动态、生活动作等，并在此基础上鼓励儿童大胆表现。例如，鱼儿游，可以是金鱼般悠然自得地游动，也可是箭鱼般迅速地游动，还可像跳跳鱼一样跳着游动……教师在丰富儿童生活知识经验基础上，激发儿童的想象力和创造力，提供适宜的音乐，鼓励儿童大胆创编与表现。

目前儿童缺乏对所要表现内容的观察和理解，是儿童动作表现模式化严重的主要原因。比如，儿童在表演小白兔的时候，都是将两只手的食指和中指竖起来，举到头顶两侧做耳朵状，然后开始双脚蹦。基本上都是对教师示范动作的模仿，而没有真正理解音乐。长此以往，不仅是儿童的创造力和想象力会丧失，还会让儿童对音乐表现失去兴趣。所以，教师要改变以往的教学方式，在活动开始的时候不提供示范动作，而应带着儿童对兔子进行观察，看看小兔子吃东西、玩耍、走动时的神态是什么样的，并用拍照或者绘画的方式进行记录。然后教师组织儿童模仿兔子的各种神态，再配合合适的音乐进行大胆的想象并随乐表现。在此基础上教师可以再进行一些必要的指导。这样的音乐表现才是真正的具有活力和灵性的。

三、男性儿童缺乏舞蹈兴趣，动作女性化明显及其消解策略

在很多幼儿园中，男性儿童都对舞蹈的兴趣不大，与女性儿童相比，其舞

蹈动作水平明显偏低。一些男童在舞蹈活动中经常表现出缺乏热情、随意跑动等不遵守常规的违纪问题，也有一些男童的动作过于柔美，女性化十足，缺乏阳刚之气。

典型案例：有学者曾经对福州市部分幼儿园的舞蹈兴趣班以及少年宫的儿童舞蹈兴趣组进行调查，发现里面的成员性别比例严重失调，男性儿童凤毛麟角，并且难以坚持到底。同期的一次对部分幼儿园的调查访问结果表明，58.7%的男性儿童比较讨厌或者较不喜欢学习舞蹈，而女性儿童比较讨厌或者较不喜欢学习舞蹈的人数仅占15.6%。

诊断与消解：男童的舞蹈动作表现方式与女性儿童有着较为明显的性别差异，而当前学前教育机构里几乎是清一色的女性教师，她们的舞蹈动作语汇以及对舞蹈动作的审美评价不可避免地被打上性别的烙印。针对这种情况，教师在学前儿童舞蹈的教学过程中，要充分尊重儿童的性别差异，更加全面地促进儿童发展。其一，舞蹈教学内容、类别与形式等方面应多样化，以使有不同兴趣的儿童都能找到自己感兴趣的内容；其二，应根据本园实际情况，因地制宜地实现"性别化"的舞蹈教学。在幼儿园普遍缺乏男教师的情况下，幼儿园一方面应增强女教师男性化教育的意识以及提升其双性化动作表现的能力，另一方面，幼儿园还可利用家长、社区资源积极引进男性教育资源，适当选择富有阳刚之气的音乐及动作供男童学习，如《小小男子汉》《中国功夫》等。

四、集体舞中偏重于动作与队形学习及其消解策略

集体舞是一种全体儿童共同参与、强调在队形中进行人际交流的韵律活动。由于集体舞既有动作，又有队形变化，所以儿童还要注意音乐与动作的配合。这使教师在教学过程中存在一定困难。目前部分教师对集体舞教学活动的价值认识不清，示范的动作难度大，再加上队形变化过于复杂，导致儿童之间的交流与互动的弱化。

典型案例：某中班儿童正在学习新疆集体舞。教师先教儿童垫步、手腕转动、翻掌等基本动作，接着让儿童随乐练习，最后，教师让全体儿童排成双圈，在向学生讲解完队形变化后，让学生进行队形变化的练习。由于舞蹈动作对他们来说过于复杂，所以儿童紧张地跟着教师以及音乐的提示做动作，根本顾不上与圈内的同伴交流。

诊断与消解：团体间的人际交流与互动是集体舞教学活动的重要价值。动作与队形是为了交流而存在的。教师首先需明确这一价值定位。因此，集体舞

的动作应尽量简单易学。教师应依据儿童的动作能力调整动作难度，应让儿童感到轻松、舒适。同时，队形变化也要简单、适度，易于交流。一方面，教师宜使队形变化简单化，可使其中一段动作简单些且有一定队形变化，而将另一段动作完全交由儿童根据音乐自主发挥。这样可降低儿童的学习难度。另一方面，教师可以采取一些策略帮助儿童了解队形变化的关键点，帮助儿童学会控制队形，指导儿童应用体态、目光与人交往的技能。

第七章　学前儿童音乐欣赏活动实践指导

学前儿童音乐欣赏活动是一种获得审美享受的音乐活动，是学前儿童感知、理解音乐美并体验音乐情感的一种重要的音乐教育实践活动。学前儿童主要通过两种方式进行音乐欣赏活动：一是聆听各种类型的音乐作品；二是观赏戏剧、音乐剧等艺术表演。在任何一种学前儿童音乐教育活动中，都蕴藏着音乐欣赏的成分。音乐欣赏是一切学前儿童音乐活动的基础。音乐欣赏能有效激发儿童对音乐的兴趣，开阔儿童的音乐视野，培养儿童对音乐的注意力、想象力和创造力。

第一节　音乐欣赏活动概述

一、音乐欣赏作品的选择

在学前儿童音乐欣赏活动中，教师在选择音乐欣赏作品时不仅要考虑单个作品是否可以满足教育的要求，还要考虑所有作品在整体上能否满足教育的要求，更要考虑学前儿童的实际能力，包括感知音乐的能力、理解音乐的能力等。一般来说，在音乐欣赏作品的选择上，教师应当从以下几点来考虑。

（一）音乐欣赏作品的时长与性质

1. 音乐欣赏作品的时长

在儿童音乐欣赏集体教育活动中，教师一般选用的是时长在 1～3 分钟的音乐作品。因为儿童注意力集中的时间很难保持在 3 分钟以上。实际上，时长在 2 分钟以内的音乐欣赏作品对儿童来说是最常见且效果最好的。由于时长的制约，一段体、二段体和三段体是儿童音乐欣赏作品的主要曲式。除了段落极其短小的回旋曲外，其他各种回旋曲必须要经过剪裁处理。

2.音乐欣赏作品的性质

儿童音乐欣赏集体教育活动中所选用的音乐作品的基调一般分为两种：一种是欢快活泼；另一种是中速行进。具体来说，如果音乐欣赏作品的曲式是一段体，那么该音乐欣赏作品的基调就可以被定为欢快活泼或者中速行进；如果音乐欣赏作品的曲式是二段体或者三段体，那么该音乐欣赏作品主段的基调就可以被定为欢快活泼或中速行进，对比段的基调则正好相反。

（二）音乐欣赏作品类型

儿童音乐欣赏作品主要可分为三类。

①西方经典音乐作品。包括两部分：一是直接归属于儿童音乐经典作品；二是成人作品，其中除了音乐小品以外，都要经过截取或者裁剪等处理。

②中国音乐作品。全部来自成人作品，包括来自传统经典的作品、近代的作品、当代创作的作品等。

③各国的民间音乐作品。

（三）音乐欣赏作品的改编和剪裁

1.音乐欣赏作品的改编

一般情况下，儿童音乐欣赏作品的节选改编方法有以下两种。

①选片段：将作品中相对独立的片段筛选出来。这些独立的片段不仅要满足前述选材条件，还要满足以下几点：a.结构完整；b.形象鲜明生动；c.长度适中；d.结束感强。

②压缩结构：保留作品中相对独立的部分，对某些非独立部分进行删减。经过压缩的作品更容易被学前儿童接受。因为经过压缩的作品具有清晰的结构而且长度适中。

2.音乐欣赏作品的剪裁

剪裁是儿童音乐欣赏作品的常态，常见的剪裁类型有以下几种。

①常规性的剪裁。根据儿童欣赏作品时长的要求，剪裁者必须要做的就是在成人作品中截取一个片段。

②剪掉重复段。剪裁者通过剪裁重复段使成人音乐作品更加短小，以彰显音乐的简洁性、精练性。

③剪掉段落内部的过渡段、华彩句。由于音乐段落中的过渡句、华彩句具有特殊性，如句式不规整等，儿童以现有的感受及理解能力对这些复杂的内容往往难以欣赏。所以，段落内部的过渡句、华彩句，需要被剪掉。

④直接裁剪句子、颠倒前后，必要时还可以对接不同的音乐作品以满足音乐内容形象化的要求。这种裁剪类型关注儿童音乐学习特点。裁剪者对音乐的把控力直接决定最终的裁剪效果。

另外，在为学前儿童选择音乐欣赏作品时，教师还要对入选材料的多样性和丰富性从总体上进行考虑。①在材料的内容方面，应选择能反映儿童生活和内心世界的作品。②在材料的文化历史代表方面，应选择中外不同时代的优秀创作作品。③在表演形式方面，应选择各种不同的器乐曲和各种形式的歌曲。

二、教学辅助材料的选择

在学前儿童音乐欣赏活动中，帮助学前儿童更好地感受音乐作品，更好地理解音乐作品是使用辅助材料的目的。音乐欣赏的辅助材料一般包含以下三种。

（一）动作辅助材料

学前儿童跟随音乐做动作的方式是其感知、理解和表达音乐最自然的途径之一。欣赏活动的选材条件更侧重于对音乐性质的反映。这是欣赏活动与韵律活动的不同之处。所以，在学前儿童音乐欣赏活动中，动作辅助材料应当具有普遍性，而不应是复杂的、儿童所陌生的。

除此之外，学前儿童在音乐欣赏活动中拥有独立选择动作、独立做出反应的机会是非常重要的。因此，只选定动作反应的性质而不确定具体动作的做法在动作辅助材料选择过程中时有出现。

（二）语言辅助材料

在学前儿童音乐欣赏活动中，含有艺术形象的有声文学材料被称为语言材料，包括民谣、故事等。

在音乐欣赏活动中，从音乐出发，与音乐欣赏的要求相一致是选择语言辅助材料的首要条件。人们应当从下面两个方面来理解这里所说的"相一致"。

①文学作品本身（包括结构、情感、内容等方面）与音乐相一致。

②在讲述或朗诵文学作品时，语言的各个因素（包括音色、音调、风格等）与音乐也相一致。

较强的文学性、优美的语言、学前儿童的喜好和理解能力是选择语言辅助材料的次要条件。学前儿童在音乐欣赏活动中拥有独立选择语言、独立做出反应的机会是非常重要的。在这种情况下，教师需要依据音乐欣赏的要求，对相应的范围进行大致的选择与划定。

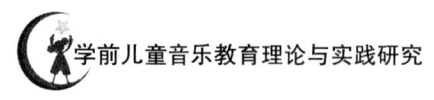

（三）视觉辅助材料

视觉辅助材料的特点有以下三个。

①形象具体，有利于学前儿童对音乐的感知和理解。

②可以在时空中静止，有利于学前儿童的反复观察和对音乐的精细感知、记忆。

③可以在时空中流动，与音乐同步流动，有利于学前儿童对音乐形象的动态化进行感知和理解。

在音乐欣赏活动中，从音乐出发，与音乐欣赏的要求相一致是选择视觉辅助材料的首要条件。应当从两个方面来解释这里所说的"相一致"：一方面，视觉辅助材料的各个相关因素（包括色彩、情绪、线条、形象等）都应与音乐相一致；另一方面，视觉辅助材料的运动方式（特指在时空中流动的视觉材料）也应与音乐相一致。

个性化、形象生动、较强的艺术感染力、学前儿童的喜好和理解能力是选择视觉辅助材料的次要条件。除此之外，教师还要考虑是否有经济条件或精力去购买、制作材料。

三、音乐欣赏作品儿童化的动作设计要点

这部分内容强调的是儿童化的动作设计的重要性。有关音乐欣赏作品儿童化的动作设计，教师需要特别注意以下几点。

（一）分析音乐句段结构

理解音乐句段结构不仅是理解音乐的路径之一，还是把握音乐句段结构的路径之一。教师对音乐结构的理解与儿童对文章段落的划分同等重要。儿童理解一篇没有划分段落的文章是非常困难的。教师只有把被选为音乐教学内容的乐曲的结构分析清楚，画出音乐句段结构图之后，才有可能进一步挖掘该乐曲的内容形象与动作诠释。如果教师缺少音乐结构分析这一步骤，那么教师的动作诠释很有可能是背离音乐形象的、盲目的、不合要求的。

（二）遵循重复的音乐组织手法

音乐中段落与句子的重复可以在音乐句段结构图中清晰地显现出来。理解音乐的第一道坎就是理解段落与句子的重复之处。如果段落与句子有重复之处，那么教师诠释音乐的动作设计也要有重复之处。儿童对教师投放到身体动作中的音乐标准的领悟是通过身体动作的表演体验来获得的，所以儿童通过动作来

理解音乐。儿童理解音乐的功能是通过身体动作表演来实现的。如果音乐标准不一致，那么这种功能也就不复存在了。

（三）动作与音乐的形式元素特征相匹配

节奏、织体、力度、音色等都是音乐的形式元素。动作设计需要匹配旋律型的变化特征，还需要匹配节奏型的变化特征。

（四）严格遵循动作简单原则

使儿童理解音乐、投入音乐是学前儿童音乐教学的目标。动作在学前儿童音乐活动中不仅是激发儿童需求的中介，还是引导儿童理解音乐的手段。正因如此，越简单的动作越符合儿童的发展水平。动作的简单化有利于儿童将更多的心理能量分配给音乐本身。如果教师设计的动作较为复杂，则会消耗儿童大量的心理能量，成为儿童音乐学习的负担，进而使得教师对音乐的动作诠释成为儿童理解音乐的障碍。这是我们不愿见到的。

第二节　音乐欣赏活动的设计和组织指导

一、音乐欣赏活动的设计指导

（一）音乐欣赏活动的准备

①对篇幅较长、结构较复杂的中、外著名音乐作品进行适当的删编。
②对那些为大龄儿童创作的音乐童话进行适当的删编。
③对所用歌曲或音乐的旋律进行熟练的背唱。
④准备好活动中要使用的教具、学具、道具、音像等辅助性材料。
⑤将音乐作品设计成图谱。

（二）音乐欣赏活动过程设计

身体动作参与是儿童音乐感受的最大特征。儿童的身体动作离不开儿童的音乐感受。在音乐感受阶段，不完整性、模仿性是儿童身体动作表演的主要特征；在身体动作表现阶段，完整性、独立性是儿童身体动作表演的主要特征。这是音乐感受和身体动作的主要区别。依据艺术心理的一般心理过程与经验组织原理，可将儿童音乐欣赏活动分为三个环节：①音乐内容感受；②音乐形式感受；③身体动作表现。

1. 音乐内容感受环节

音乐内容感受环节是儿童音乐欣赏活动能否成功的关键环节。一般来说，音乐内容感受环节不涉及音乐经验，这一环节完全处于儿童生活经验层面。音乐内容感受环节的具体教学内容由以下三个具体关键经验项目构成。

①对音乐内容进行语言描述。为了激发儿童主动参与音乐活动的兴趣，首先，教师需要通过视觉媒介将音乐内容生动、直观地展现出来；其次，让儿童依据对视觉媒介的观察结果发表意见。

②对音乐内容进行动作探究。儿童在进行视觉媒介语言描述的同时也对音乐内容进行了动作探究。如果儿童的动作探究内容越丰富，则说明教师所设计的视觉媒介越好。

③对身体动作进行语言描述。在儿童通过身体动作来表达音乐内容的情况下，教师应当引导儿童对这些动作的意义和状态进行描述。这种描述不仅可以梳理儿童思维，还可以提高儿童行动的目的性。

2. 音乐形式感受环节

音乐形式感受环节的具体教学内容由以下两个具体关键经验项目构成。角色扮演的情景化、戏剧化是这一环节设计的关键。

①合拍做动作。一般情况下，一些策略（如反馈、提问、分句示范等）在交替使用过程中获得合拍做动作时的感受。

②合音乐句段结构做动作。一般情况下，一些策略（如完整的动作示范、图谱的呈现等）在交替使用的过程中获得合音乐句段结构做动作时的感受。

3. 身体动作表现环节

这个环节较前两个环节相比具有了以下特征。

①儿童对完整音乐进行身体动作表演。

②儿童独立进行身体动作表演，脱离了教师这一榜样。

（三）设计学前儿童音乐欣赏活动时应注意的问题

在设计音乐欣赏活动的过程中，教师要注意让学前儿童对不同音乐风格进行对比，从而帮助学前儿童区分不同音乐所表现的不同的情绪和不同的心情，使其对不同节奏的音乐所表现的音乐性质具有较深的印象。教师应让儿童对于体裁相同、风格也相近的音乐进行归类，以实现从对个别乐曲感性上的认识提高到对某一类型乐曲的理性上的认识。对于同一首乐曲的不同部分，教师也可让儿童进行对比欣赏，从节奏、旋律进行的特点或速度、力度上的对比使儿童感受乐曲的细节。对发展变化较多又较长的乐曲，除了应让学前儿童完整欣赏外，还可以让其进行分段对比欣赏以帮助儿童掌握乐曲的发展线索，感受和理解乐曲的各个细节。

二、音乐欣赏活动的组织

（一）倾听声音和声音的表现

培养学前儿童听力技能的途径很多。教师可以将学前儿童听力技能的培养与儿童的日常生活紧密地结合起来。

1. 倾听日常用具的声音

①教师首先选择2个具有不同声音特质的物品，当着儿童的面使它们各自发出不同的声音；然后，请儿童仔细倾听、辨别并记忆这2个不同的物品所发出的不同声音；最后，秘密地使这2个物品发出声音，让儿童分辨。

②师生都各自准备1套发声体（能发出3种不同的声音）。教师以尽可能多的不同方式让这些发声体来发出各种不同的声音，让儿童观察、倾听，并对教师的行为进行模仿。以儿童不能看到的方式重复游戏。这就增加了游戏的难度，儿童无法借助于视觉进行观察，而只能依靠听觉去辨别和模仿各种不同的声音。

2. 倾听周围环境的声音

教师让儿童在户外散步的过程中倾听周围环境中各种有趣的声音，回到教室后，让儿童对所听到的声音进行重复、模仿和回忆并运用合适的语言进行形容和描述，从而使儿童在教师的引导下发现一些象声词，如"嘶""嘟""呜""嘀嘀"等。

3. 倾听声音所表达的故事

音乐是声音的艺术。现代音乐的概念在音乐材料的使用上已经大大超出了音乐的范畴。在音乐的创作中，创作者可以运用自然界和现实生活中的声音来表达某些故事。所以，儿童也应仔细认真倾听声音所表达的故事。

（二）组织学前儿童音乐欣赏活动时应该注意的问题

1. 丰富儿童的有关知识和印象

要想有效地组织学前儿童的音乐欣赏活动，教师除了要采取正确的教育方法以外，还必须注意结合音乐活动加深儿童对与教材内容相关的知识的印象。

2. 提出一定的教育要求

在组织学前儿童音乐欣赏活动的过程中，教师应树立明确的教育目标。教师应教会儿童在倾听音乐、欣赏作品的过程中全神贯注，并保持积极的态度，在情感上产生强烈的共鸣。教师应引导学生对欣赏过的作品进行再认并说出作品的名称，这样不仅对儿童音乐记忆能力的发展具有促进作用，而且有利于丰富儿童音乐表象。如果条件允许，教师应该尽可能让儿童自己在乐器上试着弹奏出他们所欣赏的音乐作品中的某几个音或简短的乐句。

3. 提高儿童欣赏能力

学前儿童音乐教育的实践表明，要想合理、有效地组织学前儿童音乐欣赏活动，切实通过有意义的音乐欣赏活动提高儿童的音乐欣赏能力，必须全面考虑以下几个因素。

①音乐作品必须具有鲜明的基本形象。

②在儿童欣赏音乐时，教师应该允许他们适当地做一些符合音乐内容、情绪、性质的动作。但其所做动作必须以不妨碍儿童的欣赏为前提。

③教师应该有意识地使儿童积累丰富的欣赏音乐的经验，并开阔儿童的音乐视野。教师在组织幼儿园的音乐欣赏活动时，应该尽量创造和利用这些教育因素，以求取得最佳的音乐欣赏效果。

4. 调动儿童多种感官

教师在组织学前儿童初次完整倾听音乐的过程中，可利用和这段音乐相关的照片、动画短片或者其他教学辅助工具，帮助学前儿童充分认知、体会整部作品表达出来的意境。学前儿童在音乐的感官体验和赏析过程中，不能像成人一样安静地倾听。所以幼儿园教师要调动其多种感官（如视觉、听觉、动觉、言语知觉等），让学前儿童在倾听音乐的同时感受音乐给自己带来的愉快的心情，引导儿童用自己的表现方式参与到音乐中去。

5. 帮助儿童感受和理解音乐

教师可以教儿童做一些与音乐情绪性质相一致的动作，帮助儿童通过自己切身的动作反应去自然、深刻地体验音乐的不同特点。但是这种方法不是对所有的音乐作品都适用，一般在形象比较鲜明、节奏性较强的乐曲中运用效果比较好。有时候，教师可以让儿童自由地发挥自己的想象力，用自己的动作、自己的想象在情绪上与音乐保持一致。这就能够在相当程度上反映出儿童对音乐作品情绪情感的感受和理解的程度。

在学前儿童倾听音乐的过程中，教师也可通过谈话法帮助学前儿童感受和理解音乐。教师可以通过适当的提问指导儿童对音乐作品的分析。对于音乐作品中儿童不容易分辨出的音乐节奏，教师还应给予简明的提示，以提醒儿童注意音乐的变化，通过引导激发儿童的创造力和想象力，从而使其能够更快地感受和理解音乐。

总之，教师应运用各种有效的教学手段与策略，从学前儿童生活经验出发，促使他们在轻松、愉快的音乐欣赏活动中受到音乐美的熏陶。

三、音乐欣赏活动案例

（一）《小水滴的仲夏夜》

1. 活动目标

①使儿童初步感受音乐 ABC 的结构，体验乐曲轻松欢快的旋律及有趣的情节。

②使儿童根据音乐内容自由创编各种身体动作，进行表现。

③使儿童积极参与音乐活动，并能在活动中愉快进行交流。

2. 活动准备

①生活经验。

②图片、黑板、录音机。

③电脑、课件、投影仪。

3. 活动过程

（1）情景引入（课件：美丽的夜空）

教师：水珠宝宝们，看，天黑了，我们要睡觉了。

（音乐起，儿童随音乐做韵律活动）

（2）利用故事情节导入主题，让儿童欣赏完整的乐曲

①边放音乐，边讲故事。

教师：哎呀，天太热了，水珠宝宝们睡不着，他们要找一个凉快的地方，你们猜他们到哪里乘凉了？

（儿童自由回答后，教师边放"引子"边讲述故事）

教师：小水珠们跑到冰箱里凉快了。他们跑到冰箱里后，开始觉得很舒服，可是忽然他们发现自己的身体变硬了，就赶快跑了出来。（音乐停）

②留下悬念。（儿童倾听与想象）

教师：他们觉得自己身体变硬了，有劲了，会跳了，跑出来会干什么呢？请你们来听一听。（儿童继续听音乐）

③儿童欣赏完整的乐曲。之后，教师提问儿童所听到的大致情节。

（3）倾听与感受

①儿童看课件欣赏全曲。

教师：今天，小水珠也来了，我们请它来告诉我们吧！（教师播放课件）

②儿童倾听结束后，教师引导儿童用语言表达自己的感受。

教师：这首乐曲讲的是什么事情？小冰块是怎样跳舞的？跳呀，跳呀，小冰块怎么了？

（4）让儿童倾听与匹配

教师请儿童边听音乐，边指出相应的图片，让其用小手做相应的动作。

（5）让儿童想象与表现，分组表演

①儿童自由分配角色。

第一组：冰箱里的小水珠。

第二组：A段舞曲的小冰块。

第三组：B段舞曲的小冰块。

当乐曲进行到C段时，全体儿童一起表演小冰块跳累了，慢慢融化了。

②全体儿童分角色玩游戏。

③教师设定故事情节，引导儿童结伴玩一遍游戏。

④儿童选择相应的道具（纱巾、铃鼓等）。

⑤让儿童发散思维，让儿童将音乐和生活中的游戏活动联系起来，进行表演，鼓励儿童合作进行创造性的游戏。

教师：小冰块跳完舞，还会玩些什么游戏呢？（儿童根据音乐的不同性质，玩各种不同的游戏）

（6）以故事情景自然结束

（二）《彩云追月》

1. 活动目标

①让儿童喜欢倾听音乐，感受乐曲优美的特性，感知乐曲表现的美。

②使儿童愿意用语言、肢体动作表达自己对音乐的感受。

③借助道具，让儿童在活动中体验音乐欣赏带来的快乐。

2. 活动重点

引导儿童感受乐曲优美的特性,提高儿童的音乐感受力和表现力。

3. 活动难点

引导儿童在听音乐的过程中,大胆地用肢体动作和道具来表现乐曲。

4. 活动准备

①彩色纱巾若干,月亮道具一个。

②图谱一张。

③演示教具一套。

5. 活动过程

(1)儿童随音乐进入活动室

(2)儿童观看教师的教具演示,倾听故事

①教师边演示教具,边讲故事。

教师:月亮在天上觉得有些孤单,一朵顽皮的小彩云趁着夜幕降临,飞到了天空……

②教师提问。

教师:你听到故事里谁和谁在捉迷藏呢?月亮邀请小彩云玩捉迷藏的游戏,你们玩过吗?

(3)教师与儿童一起欣赏音乐

①教师引导:刚才月亮和小彩云哼唱的那首优美的乐曲,名字就叫作《彩云追月》,让我们一起来欣赏。

欣赏结束后,教师提问:听了乐曲后你有什么感觉?

②教师与儿童再听一遍音乐。

教师提问:在这美丽的夜晚,你看到了什么、想到了什么?请把你想到的美丽画面描述一下。

(4)出示图谱,再次欣赏

教师引导:顽皮的小彩云和月亮跳到了我的图谱上,请看。

①教师让儿童观察图谱,再次欣赏。教师引导儿童发现乐曲和图谱之间的关系。

②儿童欣赏完后,教师提问:你看到了什么?听到了什么?

③教师引导儿童发现重复之处。

④教师让儿童分乐句进行对比。

（5）请儿童来表现"彩云追月"

①教师请儿童根据自己的喜好选取彩色纱巾。

②儿童扮演小彩云，跟音乐做动作，听音乐和月亮做游戏。

③教师与儿童一起进行小结。

第三节　学前儿童音乐欣赏能力的发展

一、倾听与音乐审美感知能力的发展

幼儿园小班的儿童已经可以自己倾听并分辨出生活中的各种声音，也能模拟出像大雨和小雨的不同声音、不同的动物的叫声、不同的交通工具的声音。在音乐活动中，他们会按教师的要求更仔细地倾听各种声音，逐步养成注意倾听教师、同伴的歌声和琴声伴奏的习惯，能够区分出不同的音乐作品的性质，对不同音乐情绪的乐曲有了初步的感受。

4~6岁的儿童的倾听的主动性、自觉性以及听辨能力可以获得更好的发展。除了按要求认真倾听和进行描述、分辨外，儿童还能较主动地倾听环境中的声音与音乐，听辨与描述能力进一步提高。在专门组织的音乐活动中，4~5岁儿童开始能逐步分辨出声音的细微变化，他们能欣赏内容较为广泛、性质多样的音乐作品，能区分音乐中明显的速度、力度、节拍和节奏型的变化，还能听出乐段、乐句之间明显的重复与变化；5~6岁儿童的听觉分辨得更加精细，开始能够感知音乐作品中的细节部分，还能感受、辨别较为复杂的器乐曲结构、音色以及在情绪风格上的细微区别。

二、理解与音乐审美想象能力的发展

"理解"是人在倾听音乐后进入"欣赏"境界的重要基础。音乐欣赏中的"理解"主要包括：对音乐所引起的情绪、情感的理解；对音乐所引起的想象、联想内容的理解；对音乐所传达的思想内容的理解；对音乐的形式结构本身的理解；等等。

3岁前的儿童对音乐的理解十分有限，他们一般易对节奏鲜明、旋律优美、音响柔和的音乐产生积极反应。2~3岁的儿童能在教育者直观启发下初步理解十分明显的音乐情绪，例如，在反复欣赏《学做解放军》与《宝宝要睡觉》的基础上，大部分儿童都能正确区分有关图片。

3岁的儿童已有了初步的理解音乐所表达的思想、情感的能力，并产生了初步的联想与想象。在良好的教育影响下，儿童逐步学会理解他们所熟悉的歌曲的歌词内容与思想，学会理解简单的、性质鲜明的器乐曲的音乐情绪。例如，在听到《中国人民解放军进行曲》时，儿童会理解这是解放军叔叔在很有精神地走路；在听到《摇篮曲》时，儿童会理解这是妈妈在哄宝宝睡觉；等等。

4~5岁的儿童已能借助于歌词以及生活经验、音乐经验，基本能理解形象鲜明的乐曲所表达的艺术形象以及音乐中的大部分变化。例如，他们能理解《摇篮曲》最后结束句的渐弱渐慢表示的是小宝宝慢慢地睡着了。他们还能够初步理解音乐中变化较为明显的形式结构。例如，他们听了《瑶族舞曲》后，对于基本相同的头尾两段，他们将第一段理解为一群瑶族哥哥姐姐迈着优美的步伐准备参加舞会，将第三段理解为夜深了，瑶族的哥哥姐姐准备回家了，对于节奏特别强烈的第二段，他们认为瑶族哥哥姐姐在热情奔放地跳舞。

5~6岁的儿童对纯器乐曲的理解能力进一步提高，能在清楚辨别音乐的速度、力度、音色、结构等较为细微变化的基础上，展开大胆的联想与想象。例如，同样是进行曲，但他们在听《中国人民解放军进行曲》《运动员进行曲》《拉德斯基进行曲》时会产生不同的感受，对每个音乐作品能初步形成自己独特的理解。

三、音乐创造性表现能力的发展

学前儿童的音乐欣赏与创造性表现活动尚处于不分化的状态之中，因此学前儿童的音乐欣赏活动总会伴随着各种形式的创造性表现活动。

3岁前的儿童逐步学会运用动作、嗓音和面部表情对音乐做出某种直觉的反应，创造性表现意识尚未萌芽。

3岁的儿童，已能初步运用动作、嗓音以及面部表情对音乐做出一些直觉的反应。在良好的教育影响下，儿童逐步了解了一些可以用来表达音乐感受的手段，并逐步学会在自己能力水平上较自如地运用这些表现手段。

3岁儿童最容易掌握与最常运用的创造性音乐表现手段就是身体动作，到了3岁末期，儿童已能学会运用较为精确的简单动作表达自己的音乐感受，并初步意识到应尽量使自己的动作与他人不同。

3岁儿童运用语言进行创造性音乐表达时显得相对困难，喜欢运用一些简单的类比性描述。例如，在听到一个关于小鸟的音乐作品时（第一部分音乐声音清脆，第二部分音乐声音更加多样），儿童就会说：这是小鸟，那是它的爸爸妈妈，它们一起出去玩等。

4～6岁的儿童，在音乐欣赏过程中的创造性表现能力进一步提高。在良好的教育影响下，儿童逐步学会运用各种手段创造性地表现自己对音乐的感受与理解。与前一阶段相比，其创造性表现的意识更强；表现手段、形式更多样，有身体动作、嗓音表达、语言描绘、绘画表现等；表现得也更细致、完美、更具艺术情趣。

四、审美注意力的发展

心理学研究表明，学前儿童的认知活动由不随意性、不自觉性向随意性、自觉性发展，认识水平从以具体形象为主要形式向抽象概括过渡。一般而言，让学前儿童较长时间积极、主动地沉浸于音乐欣赏与探究活动是比较困难的。实验研究表明，学前儿童"能长时间沉浸于音乐之中"就是指其能集中注意聆听陌生音乐达到5分钟或更长的时间。

因此，学前儿童音乐欣赏活动有时可以被组织为一种与成人高雅的欣赏活动类似的审美性的欣赏活动，但更多时候适宜被组织为类似"听赏游戏"的活动。这是一种游戏式的欣赏与能使儿童身心愉悦的活动。学前儿童在听赏音乐的过程中逐步获得对音乐的理解、想象以及对音乐表现手段的认识。

五、审美心理能力的发展

一般而言，人的审美心理过程包括审美感兴的三个阶段。

①第一阶段是准备阶段。在此阶段，人会产生的心理活动主要是审美注意与审美期待。这两种心理活动构成了审美定向系统，促使审美主体采取特别的心理定势，为即将展开的审美感兴做好准备。

②第二阶段是兴发阶段。在此阶段，人会产生的心理活动主要是审美知觉、审美想象、审美领悟、审美情感等多种相互关联、相互渗透的心理活动。

③第三阶段是延续阶段。在此阶段，人会产生的心理活动主要是审美回味这一心理活动，有时也会出现审美反思活动。在审美回味的活动中，人逐渐形成一种审美心境并持续一段时间。

作为对人的审美心理活动的研究，审美感兴过程同样适合于儿童。尤其是"审美感兴活动始于审美注意"的特点，在学前儿童的身上体现得更为明显。一般学前儿童的音乐审美心理发展大体表现出如下的基本特点。

①3岁左右的儿童可能产生最初始的审美心理活动。该时期是儿童审美心理发生的敏感期。其标志是儿童对美好事物特征产生审美感兴、审美体验，并有初步的审美偏好和选择美好事物的审美标准。这是儿童最初审美心理结构的雏形，此阶段可被称为"前审美阶段"。该阶段的大部分儿童喜欢具有典型形式美的艺术作品，如优美动听的歌曲、欢快活泼的舞蹈、色彩鲜艳的图画和令人愉悦的儿歌故事等。儿童愿意学习唱歌、舞蹈，喜欢模仿艺术作品中的语言、动作、表情等，并从中获得快乐与美感。

②在整个学前阶段，儿童的审美感兴力在迅速地发展，有了初步的审美偏好，也有了模糊的审美标准。此阶段可被称为"审美心理萌芽阶段"。在获得审美体验的同时，儿童开始有了审美偏好。一般而言，女孩比较偏爱优美的舞蹈与音乐，喜欢参加艺术表演活动；男孩大多数喜欢荒诞夸张的音乐与故事、节奏快的音乐以及动作激烈的音乐艺术活动。在审美评价方面，5岁以上的儿童基本能采用一般的审美标准或凭借审美直觉，评价同伴与自己歌舞的优劣等。在学前阶段，儿童还未能掌握艺术性的审美标准，更难以按照艺术标准去评价自己与他人的艺术行为。

第四节　音乐欣赏活动中的教学障碍与消解策略

一、用其他感觉通道堵塞听觉通道及其消解策略

目前，绝大多数的学前儿童教师已经十分明确地认识到，音乐欣赏不仅是一种听觉感知活动，更是一种需要多感官协同参与感知的审美活动。为此，教师应尽可能地设计丰富多样的活动，调动儿童多种感官以对音乐进行"全方位"的感知与探索。但不少教师在调动儿童多感官参与感知音乐的过程中，却走向另一个极端，即堵塞甚至封闭了听觉的感受通道。

典型案例：在一次欣赏《卡门序曲》的活动中，在儿童刚刚听完第一遍音乐后，教师便要求儿童边听音乐边跟着音乐节奏自由创编动作；接着，便引导儿童边听音乐边表演动作并用语言描述音乐；最后，教师带领儿童边听音乐边玩斗牛的游戏……整个欣赏过程形式多样，儿童积极参与，情绪十分亢奋。

诊断与消解：本次欣赏活动非常热闹，儿童似乎也十分积极活跃。为了让儿童多通道地感受音乐，教师设计并安排了过于丰富的实践操作活动与游戏，导致儿童在教师的操纵下一直忙忙碌碌地玩个不停、动个不停，缺乏应有的时间与心境去倾听、感受音乐。儿童的听觉通道几乎被动作、语言等其他感知通

道堵塞了，使儿童对音乐缺乏应有的感受与理解。多通道感受的确能有效激发儿童参与的热情，但音乐欣赏仍应以听觉感受为主。教师在整个欣赏活动中应为儿童创造安静倾听、品味音乐的环境。这既能提高儿童的音乐感受能力、注意水平，又能有效调整儿童的活动量，使得整个活动张弛有度。

二、用认知性的审美教育取代情感性的审美培育及其消解策略

目前，幼儿园开展的很多音乐欣赏活动，尽管教学形式多样，教师的音乐技能高超精湛，但较偏重于对节奏、速度、力度、曲式结构等认知性审美因素的感知与表现，却忽视了审美情感这一内隐力量的作用，从而使得音乐审美教育缺乏情感内涵。有时甚至在整个音乐活动中，缺少了音乐应当激起的审美感动，音乐活动像科学活动那样冷静、理性。儿童在教师的引导下，感知与探索音乐的节奏、速度、力度、曲式结构等表现手段，冷静地思考采取各种策略记忆歌词的内容与顺序，探索节奏与乐器的演奏方案……在一首充满情感魅力的乐曲面前，儿童更多地进行着客观冷静的分析、思考与学习，缺乏应有的情感共鸣甚至起码的审美感动。

典型案例：在大班的一次欣赏《喜洋洋》的音乐活动中，教师不断地提出如下问题。这首乐曲可以分成几段？哪一段音乐的速度快些？哪一段音乐的速度慢些？从音乐里你听出有哪些民族乐器在演奏？在教师的引导下，儿童认认真真地分析着音乐的结构与速度变化，分辨（更合理地说应是猜测）音乐中出现的一些乐器，却难以感受到音乐所传递的快乐情绪。

诊断与消解：上述音乐欣赏活动把其教育目标主要定位于儿童音乐知识技能以及学习能力等方面的发展，对音乐的审美教育尤其是审美情感培育缺乏应有的重视。不少教师在评价音乐活动时更多地考虑儿童学习了多少、创造了多少，并逐步重视在此过程中儿童学习策略的培养，但是对音乐教育潜移默化地引导儿童热爱生活、热爱学习、热爱生命以及热爱家人、同伴等社会性情感方面的隐性价值认识不足，挖掘不够。为此，教师应充分认识情感在音乐欣赏中的重要性，认真解读并科学挖掘音乐中蕴含的情感内涵，努力将其升华为自己的情感，通过有准备的环境创设以及教育过程中教师充满感情的语言、表演、体态、情绪等打动儿童的心灵，激起儿童的情感共鸣。

三、用抽象化的言语表述与形式化的说教及其消解策略

音乐美本身比较抽象而深刻，具有直觉性、微妙性、模糊性与难以描述性的特征，不像音乐的节奏、旋律、线条等那样适合通过直观形象的方式进行表现。但许多教师总是习惯于抽象的语言描述、教化或要求儿童用语言表达自己对音乐美的感受，教师常常启而不发，有时干脆演变成说教。由于缺乏必要的情感积淀与有效的情感激发，儿童仅仅依靠即时倾听去感受和理解音乐，情感认识难以深入。

典型案例：在欣赏音乐时，为了帮助儿童理解音乐的情感，教师较多地使用语言进行启发，并要求儿童也用语言描述其对音乐作品的感受。例如，"你觉得这是一首什么样的音乐？""说说你听完音乐的感受"以及深入地追问"为什么？"等。倘若这首音乐还有情感、行为习惯培养等促进儿童全面发展教育方面的教育意义，一些教师常常在活动即将结束时轻描淡写地予以简单启发，如"这音乐美吗？美在哪里？""歌曲中的小朋友是怎样团结友爱？你要怎样向歌曲里的小朋友那样互相帮助？"等。这种形式化的说教显得十分牵强。

诊断与消解：对于上述这些抽象的问题，不仅是学前儿童甚至是言语表达能力较强的成人都难以表述。音乐的美很多时候是只可意会不可言传。而教师常常运用或诱导儿童运用"高兴""优美""悲伤"等抽象、概括的形容词进行表达。这不符合学前儿童的心理发展水平与情感特点，故而难以激发其生活体验与情感共鸣。

对音乐美的感受是一个内在的情感体验过程，而情感的激发需要较为长期的积淀。音乐中所蕴含的情感因素只有与儿童的生活紧密相连，才能真正走进儿童的情感世界，被内化为滋润儿童心灵的营养，否则都只能是外在于儿童的抽象物。教师应围绕音乐所蕴含的情感因素，先行组织相关经验，丰富儿童的审美情感体验。只有这样做，在音乐活动中，儿童丰富的情感才能一触即发，对音乐美的体验才会更加深刻，心灵才能真正被触动。教师不要要求儿童说太多抽象的感觉和原因，应更多地引导儿童倾听与体验音乐，使儿童的情感世界接受音乐的熏陶，在潜移默化中建立起对他人、对一切美好事物的挚爱之情，进而形成对生活的积极乐观态度，以及对美好未来的向往与追求。

四、片面强调儿童对音乐的个性化理解及其消解策略

音乐是一门个性很强的艺术。由于每个儿童的、家庭背景、生活经验、性格等不同，他们对音乐的理解、感受及表达方式都会有所差异。教师应允许并

鼓励儿童对音乐进行独特理解与自我表达，同时注意引导过程的开放性、宽容性与低控制性。但是，在当前的教学实践中我们发现，目前不少儿童对音乐的想象是漫无边际的瞎想，无视音乐的基本特点。

典型案例：在没有任何引导的前提下，教师播放《在小池边》供儿童欣赏，之后引导儿童讨论该首乐曲的民族风格。儿童叽叽喳喳地争论着，有的说是回族的，有的说是彝族的，也有的说是苗族的。教师对每个儿童的回答都点头微笑，直至儿童说出"傣族的"这一正确答案时，马上予以肯定后，就不再提及傣族的话题。又如，在给大班儿童欣赏《狮王进行曲》后，教师提问儿童："你觉得这首音乐是表现哪些动物的？""你从音乐里听出森林里的哪些动物在干什么？"结果，有一个儿童说："我听到小兔在跳。"教师为了鼓励儿童大胆想象，马上予以表扬。结果，儿童非常踊跃地表达自己的感受："我听到蝴蝶在飞。""是小马在跑。""是小狗在快乐地游戏。"……

诊断与消解：教师尊重、鼓励儿童的出发点是好的，但如果教师不能很好地把握儿童的身心特点、把握音乐教育的全过程，就很有可能在教育教学过程中放任儿童。儿童在高高兴兴玩乐之余，获得有意义的东西少，进步有限，甚至在所谓的自由自主的探索与想象活动中探索出一大堆对其现在和终身发展无益的"垃圾成果"。这不仅对于儿童的发展毫无意义，同时还浪费了宝贵的时光。并且通过这种方式培养出来的儿童不能认真围绕一定线索去思考与学习，其学习习惯与思维方式令人担忧。他们将来在进入小学后将会遭遇很多的学习问题。

因此，教师在对儿童个性化的理解与创造性表现音乐的活动进行积极鼓励的同时，还应给予相应的支持与引导。其中，最重要的支持就是创设有助于儿童正确感受音乐的情境，关键的引导技术就是有效提问与反馈。如上例中，儿童在听完《在小池边》后，就开始争论，有的说是傣族的，有的说是彝族的，也有的说是苗族的。笔者认为，此时较为理想的做法应是在欣赏乐曲之后配合舞蹈等相关内容的欣赏，教师应在引导儿童观察表演者的服饰打扮以及舞蹈的动作特点后，再让孩子讨论乐曲的民族风格与内容。这样做，儿童就不再会漫无边际地瞎猜了。

第八章　学前儿童打击乐器演奏活动实践指导

打击乐器演奏活动是幼儿园学前儿童音乐教育活动中的一个重要内容。打击乐器演奏活动，可以发展学前儿童乐器操作和随乐演奏的能力，培养学前儿童在集体演奏中合作协调的意识，充分发挥学前儿童的创造想象力。

第一节　打击乐器演奏活动概述

学前儿童音乐教育的打击乐器演奏活动分为两种。一种是伴随歌曲或器乐曲主旋律进行的打击乐器演奏活动；另一种是纯粹由打击乐器或替代性的打击乐器进行的演奏活动，尽管这种表演活动目前在我国学前儿童的打击乐教学中不太常见，但它实际上才是真正意义上的打击乐器演奏活动。而且，有研究证明，这种活动是幼儿所欢迎和易于接受的。

一、常见的打击乐器

学前儿童打击乐器演奏活动的材料很多，可以是儿童自己的身体乐器，也可用专门的打击乐器或者自制的打击乐器，以及生活中会发声的各种生活物品等。

学前儿童自己的身体是天然、方便的乐器。儿童的小手、小脚、小嘴都是可以演奏的。奥尔夫的声势节奏训练主要通过演奏身体乐器，如拍手、跺脚、拍腿、打响指、弹舌等，可有效地发展学前儿童的节奏感与动作协调性，深受学前儿童喜欢。

学前儿童常用的打击乐器有很多，根据乐器的材料性质来划分，可分为金属类、木竹类、皮膜类、混合类四种。金属类乐器主要有碰铃、三角铁、串铃、排铃、钹、锣、铝片琴等。木竹类乐器主要有响板、木鱼、双响筒、蛙鸣筒、梆子、竹板以及木琴等。皮膜类乐器主要有鼓，包括大鼓、小鼓、手鼓、军鼓、爵士鼓等。混合类乐器主要有铃鼓、沙球、棒镲锣等。

我们也可以根据乐器演奏的音量大小来划分学前儿童打击乐器的种类。其中，音量较小的高音乐器有小铃、三角铁等，音量中等的乐器有响板、双响筒、沙球、铃鼓等，音量较大的低音乐器有鼓、钹、锣等。

此外，我们还可根据乐器的音色以及演奏方法来划分。

一般来说，学前儿童常见的打击乐器主要有以下几种。

（一）碰铃

碰铃又名"小铃"，音色清脆、明亮，声音能延长。常用于优美、悦耳的乐曲演奏中，可营造活泼欢快的气氛。演奏者在敲击它时，不宜过多过重，以一小节一次为宜，或用于乐段、乐句的末尾。

演奏方法：两手各执一只碰铃，铃口朝上仰举于胸前，互相碰击而振动发音，有时也可用单槌击奏。如需演奏断音，在演奏结束后将碰铃贴在衣服上，音即止。

（二）三角铁

三角铁音色比碰铃更清脆、明亮，延长音也更长。音量略大于碰铃，但也能演奏弱音。三角铁常用于优美活泼的乐曲演奏中。像碰铃一样，演奏者可以一小节打一次，也可与碰铃交替运用或同时运用。

演奏方法：左手食指套在绳索上，拇指与中指捏住三角铁，右手持打锤敲击。当敲奏"颤音"或"震音"时可将打锤放到三角铁里边转圈敲打；如需演奏断音，也应在奏后，用右手握住三角铁或者将打锤贴在衣服上止音。

（三）串铃

串铃是由一组小铃铛串在一起构成的一种乐器，音色比较清脆、明亮。串铃常用于演奏欢快、活泼与热烈的乐曲，像碰铃一样，既可演奏强拍，又可演奏弱音。

演奏方法：两只手各拿一只串铃，随音乐上下摇震，让小铃铛相互撞击发出音响；或右手执一串铃，与左手掌敲击，使之发出音响。

（四）响板

响板由一对手掌大小、贝壳形状的扁木片构成。两个木片上都拴有细绳，可套在拇指上。响板无固定音高。音色清脆、透亮，不仅可以直接为歌舞打出简单的节拍，而且可以奏出各种复杂而奇妙的节奏花样，别有一番特色。

演奏方法：响板的演奏方法有两种。一种是拍奏，演奏时将响板平放在左手掌上，右手掌拍击响板，使之发声。该演奏方法适合年龄小的幼儿使用。另一种是捏奏，将两片响板相对，挂在拇指上，用其他四根手指轮流弹击其中一片响板，使之叩击在另一片响板上发出音响。

（五）双响筒

双响筒又名"双响梆子"，音色比木鱼清晰，能先后奏出纯五度音程。双响筒的直径大小不同，奏出的音响、音高均不同。双响筒演奏方便，可以表现马蹄声或营造活泼的舞曲气氛。

演奏方法：左手握住双响筒的木柄（根音在左边，五度音在右边），右手持木棒，按左拍右敲。

（六）木鱼

木鱼呈团鱼形，腹部中空，头部正中开口，尾部盘绕，其状昂首缩尾，背部（敲击部位）呈斜坡形，两侧三角形，底部椭圆；木制槌，槌头橄榄形。木鱼常用于轻快活泼的乐曲演奏中，有时可独奏简短的乐句，或用来模仿马蹄声的音响效果。

演奏方法：把木鱼平放在左手掌心，右手持小槌棒，敲击在木鱼的背部。

（七）沙球

沙球由于沙子在球内互相冲击而发出一种清晰的沙沙声。沙球常用来演奏轻快、活泼的乐曲或歌曲，起着烘托气氛的作用。

演奏方法：双手各持一球的手柄向下摇动，通常左手往下击前半拍，右手往下击后半拍。

（八）铃鼓

铃鼓是一种单面鼓边上装有多对小铃片的打击乐器。演奏时，其发出的声音既有清脆的铃声，又有皮鼓的共鸣声。铃鼓还可发出急速而美妙的震音。铃鼓常用于跳跃、活泼、热情、奔放的舞曲演奏中，起着烘托热烈的气氛、表达欢乐情绪的作用。

演奏方法：右手提鼓身，中指从鼓边的一个圆孔中往外插入后握住铃鼓，鼓面对着左手。演奏时，常在弱拍上摇动铃鼓，发出沙沙铃声，也可在强拍上用左手敲击鼓面，可同时发出鼓声和钹声（甚至铃声）。例如，在演奏过程中，演奏者可以在第一拍用左手敲鼓面，在第二、三拍用右手摇鼓身两次。

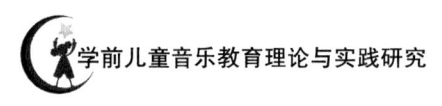

（九）钹

钹身为一对铜制的草帽状圆片，对扣在一起像一个梭子。钹的音响铿锵、热烈，余音回荡，可以传得很远。用于强奏时，极富气势，通常表现一种激情，常用于热烈的乐曲演奏中，营造欢乐、热烈的气氛。

演奏方法：钹身的两个部分各系有一条钹巾。演奏者需站立，用双手通过钹巾持住钹身，使钹身的两部分相互碰撞发音；不宜用手心握住钹身，以免声音受阻。钹有延长音。演奏者在演奏结束后可将钹贴在衣服上止音。

（十）小堂鼓

小堂鼓在戏曲中常用来表现战争场面，故又称战鼓或小鼓。小堂鼓大小不一。目前轻音乐演奏中采用的排列整齐、具有一定音高的堂鼓，叫作排鼓，表现力较强。在舞曲、乐曲或歌曲的演奏中，均可运用小堂鼓。在单独的打击乐演奏中，在没有指挥的情况下，鼓能起指挥作用。

演奏方法：常用两根鼓槌。在不需要热烈的伴奏时，演奏者只需用一根鼓槌敲击鼓面击出强拍声音即可；有时还可用鼓槌敲击鼓边，发出有节奏的音响。

除了专门购买的打击乐器外，幼儿园还可以利用各种生活用品以及废旧材料自制打击乐器，如锅碗瓢盆、碟子、杯子、筷子、各种矿泉水桶、易拉罐、竹子、木棒等。随乐演奏这些"乐器"，也可达到很好的效果。

二、配器

在学前儿童的音乐教育中，配器主要指通过教师引导、组织儿童进行集体讨论的方式，选择适当的节奏型以及合适的乐器，为儿童所熟悉的歌曲或乐曲设计伴奏的一种活动。教师在配器时，应注意以下几点。

①教师要根据各个年龄段儿童发展的特点，选择适合各个年龄段的学前儿童使用乐器的能力、对变化做出反应的能力的节奏型及乐器。乐器的节奏变化、音色变化的频率与复杂程度应是该阶段学前儿童能够接受的。

②选择的乐器产生的音响效果应与音乐的性质、风格、结构相一致。例如，教师在为《小星星》配器时，因为《小星星》是一首法国儿歌，旋律优美、简单，节奏稳定，变化少，所以应该以稳定的节奏型齐奏，要选择声音清脆、明亮的碰铃或三角铁等乐器；而为《解放军进行曲》配器时，则宜选配声音洪亮有力、节奏清晰的鼓、钹、铃鼓、响板等乐器。

选择的乐器产生的音响效果应有整体统一的美感，避免杂乱无章，同时尽量要有变化、有呼应、有对比，避免单调。如若进行强弱对比，音量大的低音乐器一般多用于强拍，而音量小的高音乐器一般适宜用于弱拍。如若进行音色的对比，应以乐段或乐句为单位选择不同音色的乐器，达到对比的效果。

③教师要采取灵活多变的编排方式，注意音乐节奏和音色的整体布局，强调节奏和音色的变化和统一，使学前儿童尽快掌握打击乐器演奏的音乐和动作的协调统一。教师应使小班儿童的音乐节奏与配器节奏要尽量相同，采用简单的、儿童容易接受的音乐作品；对于中班和大班的儿童，可以采取相对复杂的作品。

④在儿童熟悉演奏活动、掌握配器节奏后，教师要让儿童进行试奏、反复练习，在不断地练习曲目的过程中，熟记乐谱，熟悉指挥手势；同时，教师要不断调整配器情况，帮助儿童顺利地转换乐谱，实现整个演奏活动的和谐统一，圆满完成整个演奏活动。

三、指挥

在打击乐器演奏活动中，学前儿童要养成看指挥进行演奏的良好习惯，学会看指挥者的手势开始演奏、结束演奏、轮流交替演奏和击打演奏。通过这些简单节拍和手势的指挥，学前儿童可提高在集体演奏活动中与其他儿童的沟通合作能力和协调能力。

演奏者要想看指挥进行演奏，就要做到：了解和掌握演奏活动的准备、开始和结束的动作手势；看到指挥动作后能清楚明确地做出相应的反应；在演奏活动中密切注视指挥者，能通过简单的眼神和表情交流，与指挥者顺利合作；通过指挥动作能使自己的演奏动作和音乐协调一致，感受演奏乐曲的节奏和音色的变化。

四、打击乐器演奏的常规

由于乐器本身的新奇性和乐器可以发出响声等特性，打击乐器演奏活动历来是教师感到比较难以维持良好秩序的一种活动。因此使儿童了解并遵守打击乐器演奏活动必要的常规也就显得特别重要。打击乐器演奏活动的基本常识包括活动开始和结束时的常规以及活动进行时的常规。

（一）活动开始和结束时的常规

在演奏活动开始和结束的时候，演奏者要听从音乐的信号或者指挥者的手势整齐地取出或放回乐器，开始演奏前应统一按指挥者手势拿起乐器；在演奏活动结束时也要看指挥者的手势先将乐器放回腿上，再收拾自己的演奏乐器离场。

（二）活动进行时的常规

在演奏活动进行的时候，演奏者要集中注意力，认真倾听音乐，将身体倾向于指挥者并用眼睛积极与指挥者进行交流。在交换演奏乐器时，演奏者应先把自己使用的乐器放在座位上，在走到要交换的乐器位置拿起新的乐器后，马上坐下把新乐器放在腿上并做好演奏的姿势。

五、打击乐器演奏活动材料的选择

（一）乐器

1. 注意事项

学前儿童常见的打击乐器有很多种。在进行打击乐器演奏活动前，为学前儿童选择合适的乐器是非常有必要的。教师首先要注意打击乐器的音色要好，要符合本次演奏活动的实际要求。打击乐器的大小、形状及重量要适合学前儿童自身的特点。乐器太大或太小都不利于儿童演奏；太重的话也不利于儿童进行演奏活动。教师还要注意根据不同年龄段的儿童对打击乐器掌控能力的发展特点，选择合适的演奏乐器以及相应的演奏方法。

2. 不同年龄段儿童可选用的乐器

①幼儿园小班的学前儿童可以选用的打击乐器有铃鼓、串铃、沙球、圆弧响板和碰铃。这些乐器对演奏者的双手和眼睛的协调性要求不高，比较适合3～4岁的小班儿童。

②幼儿园中班的4～5岁儿童可以选用的乐器有木鱼、蛙鸣筒、小钹和小锣。演奏者在演奏这些乐器时，手部用力要持续均匀，而且要控制双手的用力大小，因此对儿童的手部和眼睛之间的协调性有一定的要求。

③幼儿园大班的儿童可以选用双响筒和三角铁的演奏乐器，还可以选用圆弧响板、沙球和小钹。大班儿童的心理和身体都趋向于成熟，可以控制好自己的双手均匀地用力，能够理解演奏活动中指挥者的手势，手部和眼睛也能根据演奏活动的需要进行协调。

3. 乐器管理常识

幼儿园教师还应该了解一点乐器的管理常识。一般6个班级规模的幼儿园要配置15面铃鼓、15只响板、15对碰铃。有条件的幼儿园还可以另外配置1面大鼓、1个吊钹、1副双响筒。条件再好一点的幼儿园可以专门为小班儿童配置45个串铃。更大一些规模的幼儿园还可以配置少量三角铁、蛙鸣筒、小锣、小钹等特色乐器。

对于供各班使用的乐器，乐器管理人员应该用专箱放置，例如，将响板放在一个小纸箱里，将碰铃放在另一个稍大一些的纸箱里，将铃鼓放在一个大的塑料转运箱里并摆放整齐，然后在塑料转运箱的空余处把另外两个装有碰铃和响板的纸箱摆放整齐。乐器应统一被存放在幼儿园资料室。班级需要用时应去资料室办理借用手续，用完后原数、原样归还。小班在活动前可由教师办理借用，并由教师组织儿童分发、放还、摆齐。中、大班应该由教师指导、督促儿童自己来完成这些事情。

（二）音乐

教师为打击乐器演奏活动选择音乐时，也要按照不同年龄段的儿童选择他们易于学习和接受的音乐来进行练习。

幼儿园小班应选用儿童平时比较熟悉的、节奏工整欢快和有韵律的音乐。幼儿园中班、大班，可以选用结构清晰的歌曲或韵律形象鲜明的音乐。这些音乐不一定是儿童见过、学过的，节奏和结构可以稍微复杂一些的，段落可以适当增至两小段或者三小段。这样可以使儿童有积极性和挑战性来完成演奏活动。

第二节 打击乐器演奏活动的设计和组织指导

一、打击乐器演奏活动的设计指导

学前儿童打击乐器演奏活动的设计主要包括活动目标的设计、活动程序的设计和活动方法的设计这三个方面。

（一）活动目标的设计

1. 活动目标的设计的原则与内容

活动目标的设计是音乐教育活动设计的第一步，也是最为关键的一步。教师在制定打击乐活动目标时应体现全面性和循序渐进两个原则。全面性原则，即活动目标的设计应从情感、技能和知识三个维度进行，缺一不可。循序渐进原则，即教师应根据学前儿童的年龄特点和认知发展水平由浅入深地设计活动目标。

在确定活动目标的基础上，教师还要进一步明确教学的重点和难点。打击乐演奏活动中教学重点和难点的确定应考虑两个因素：一是活动目标的要求，二是学前儿童实际的能力水平。

2. 活动目标设计案例

教师可以这样设计大班打击乐《军队进行曲》的活动目标。

①让儿童迅速安静地交换乐器，进一步培养儿童在演奏结束后将乐器整理摆放到规定位置的良好习惯。

②在教师的启发引导下，让儿童根据音乐性质风格和乐曲结构图，探究配器方案。

③让儿童初步感知音乐的 ABA 结构和乐曲所要表达的激昂振奋的情绪，重点学习镲的击法和铃鼓快速摇演奏方法。

根据活动目标和学前儿童的能力水平，教师可以将教学内容确定为，学习镲的击法和快速摇铃鼓的演奏方法，感受音乐 ABA 的结构，并体会乐曲所需表达的激昂振奋的情绪。而教学难点是让儿童根据音乐的性质风格和乐曲结构图，探究研究配器方案。

以上活动目标的设计既涵盖了知识与技能、过程与方法、情感态度与价值观这三个维度的目标，又照顾到了大班儿童的能力发展水平，同时还注意体现了文字表述的简明扼要、操作性强的特点。

（二）活动程序的设计

活动程序的设计应包括课前准备和活动过程两部分内容的设计。

1. 课前准备设计

（1）选择音乐

选择音乐是编配打击乐的第一步。如果音乐选得好，就会达到事半功倍的效果；如果音乐选得不好，则难以取得良好的效果。教师在选择音乐时应注意以下几点。

①音乐节奏应鲜明、速度应适中。教师应选择节奏鲜明、速度适中的音乐来编配打击乐。这是因为学前儿童的节奏感相对较差，只有节奏鲜明、速度适中的音乐才符合儿童的演奏能力。如《只怕不抵抗》《共产儿童团歌》等这种

进行曲风格的儿童歌曲，节奏鲜明便于儿童掌握。儿童能够演奏出理想的音乐效果。

②音乐主题应清晰、结构应整齐。选择主题清晰、结构整齐的音乐进行编配符合儿童的认知水平。因为儿童的音乐记忆力较弱，清晰的主题、整齐的结构有助于儿童记忆音乐、演奏音乐。如儿童歌曲《小星星》《两只老虎》等都是比较理想的选择。

③选择的音乐应为儿童所熟悉和喜爱。教师应选择儿童熟悉和喜爱的乐曲进行编配。孩子们喜欢的音乐作品，其旋律比较简单，再次听到时会有一种亲切感，能够激发学习兴趣，培养他们主动学习、主动探索的能力。如儿童歌曲《洋娃娃和小熊跳舞》《小红帽》等都是深受孩子们喜欢的音乐作品。

④音乐内容应体现多样化的特点。教师应选择具有民族风格的中外歌曲或器乐曲来编配打击乐。如我国少数民族歌曲《娃哈哈》《草原小骑兵》、器乐曲《瑶族舞曲》等，外国民歌《桔梗谣》《丰收之歌》、器乐曲《四小天鹅舞曲》等。这样的音乐作品节奏特点突出，风格各异，可以很好地开阔儿童的音乐视野，提高他们的音乐素养，使其产生正确的审美情感。

（2）确定节奏

节奏的选择与设计直接关系到打击编配乐的成败。选好音乐后，教师首先要通过反复聆听、哼唱乐曲来感知音乐形象。只有确定了音乐形象，教师才能根据音乐形象设计不同的节奏类型。教师在设计节奏型的同时还要根据音乐形象设计节奏型。如果只有一个音乐形象时，教师可以选用一种或两种节奏型；当有两个音乐形象时，教师可以选用两种或两种以上的节奏型。

（3）选择打击乐器

打击乐器的选择直接影响到打击乐的音响效果。教师在选择乐器时一定要注意不同乐器的音响效果与表现特长，以及音乐形象与乐器编配之间的关系。

不同乐器的音响效果与表现特长之间的关系：木琴的音响效果是短促华丽，其表现特长是欢快活泼；木鱼的音响效果是短促清脆，其表现特长是欢乐平静；三角铁的音响效果是悠扬、有持续音，其表现特长是安静优美。

音乐形象与乐器编配之间的关系：欢快活泼的音乐形象适合编配的乐器有双响筒、撞钟、沙锤、三角铁、铃鼓、串铃等；优美安静的音乐形象适合编配的乐器有三角铁、串铃、撞钟、木鱼、圆舞板等；雄壮有力的音乐形象适合编配的乐器有各种鼓、镲、锣等。

另外，在选择两种以上的乐器时，教师要注意这几种乐器的声音是否和谐，音量大小是否合适，音色搭配是否丰富等。

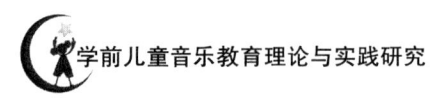

（4）设计编配方案

设计编配方案是指在开展打击乐演奏活动前，教师根据音乐的性质、情绪、风格等在草纸上设计出整首乐曲的编配方案。在设计编配方案时，教师需要注意三个问题。

①确定乐器演奏的形式。根据音乐的特点和学前儿童的演奏水平确定所选乐器的演奏方式是齐奏、对奏还是合奏。

齐奏是最简便易行的编配方案，它是指所有打击乐器共同演奏一个节奏型的一种演奏形式。齐奏时，乐器音色统一、节奏型单一、变化较少。由于小班儿童年龄小，协调能力与合作能力较差，比较适合齐奏的方式。中、大班儿童可以在齐奏的基础上适当地加入对奏和合奏。

对奏也是比较简便易行的编配方案，它是指利用打击乐器的不同音色，采用乐句对答的方式来演奏的一种演奏形式，其使用的节奏型可以是一个，也可以是两个。

合奏是比较常用的编配方案，它是指所有打击乐器同时演奏，节奏型比较复杂，为一个复合节奏型的一种演奏形式，其音响效果与乐器齐奏的单一节奏型的音响效果相比更理想。

②确定乐器及节奏型。当乐曲中有两种以上节奏型时，教师还要设计节奏型出现的位置，即安排好在乐曲的哪个部分用第一节奏型，哪个部分用第二节奏型，并标出演奏这些节奏型所用的打击乐器。

③设想演奏效果。当明确所有的要素之后，教师还要根据设计设想演奏效果。教师应思考这样的演奏效果如何，乐器的选择与节奏型的设计是否与原曲的音乐形象相一致，是否需要再增加或减少乐器，是否需要改变节奏型，每一种乐器各需几件，等等。总之，在设计方案时，教师一定要考虑整体音响的协调。

2.活动过程设计

学前儿童打击乐器演奏活动一般由导入、展开、结束这三个环节组成。导入和结束环节是儿童较熟悉的内容，有"唤醒"和"恢复"的功能，展开环节是儿童学习尚未接触的新知识、新技能的主要环节。

（1）导入环节

导入环节的设计主要有以下4种方法。

①以歌唱所要演奏的歌曲的形式导入。歌曲最好是儿童所熟悉和喜爱的，如打击乐《洋娃娃和小熊跳舞》。

②以韵律活动的形式导入。让儿童做与打击乐相关的韵律活动入场。例如，教师可以播放打击乐《学做解放军》，让儿童边律动边入场。

③以讲故事的方式导入。例如，在进行打击乐《拔萝卜》的演奏活动前，教师可以通过讲故事引出本节课的主题，激发儿童学习兴趣。

④以节奏练习的形式导入。教师可以采用节奏模仿、节奏应答、人名节奏等多种游戏和内容进行练习，既让儿童进行了节奏训练，又调动了儿童学习的积极性，为新内容埋下伏笔。

这些导入方法都可以引起儿童极大的兴趣，新颖自然，还能营造出一定的艺术氛围。需要注意的是导入时间不要过长，教师在自然引入后应马上进入主题，否则容易喧宾夺主。

（2）展开环节

展开环节是完成打击乐演奏任务的主要部分。安排的内容既要充实丰富，又要适合儿童的接受能力；既要注意新旧知识的合理搭配，又要难易适中。教师在教材内容和情绪类型上既要有变化，又要有统一之处，在活动形式上要注意动静结合，从而使教学活动能够突出重点、生动活泼，保持儿童学习的积极性和主动性。

（3）结束环节

结束环节即活动的尾声。教师应根据儿童练习的情况选择相应的结束形式。例如，集体或分组表演打击乐，并请其他教师和小朋友欣赏的形式结束。活动结束后，教师应提醒儿童收拾整理好自己的乐器。教师应尽可能让儿童在愉快、井然有序的氛围中结束，使儿童欲罢不能，引起其再次想上课的愿望。在这一环节，教师既要对本节课进行总结，又要为后续活动做好铺垫。

（三）活动方法的设计

打击乐器演奏活动整体教学法中有三种常见方法：总谱法、指挥法和创作法。

1. 总谱法

总谱法是指通过使用儿童可以接受的"变通总谱"来帮助儿童掌握作品的整体音响结构的方法。"变通总谱"是针对"通用总谱"（通常使用的五线谱和简谱）来说的。运用"通用总谱"会增加儿童的认知负担，影响他们感知音乐的乐趣。目前，幼儿园普遍使用的"变通总谱"包括图形总谱和动作总谱。简单地说，这些"变通总谱"就是一些便于儿童感知、理解和记忆的"符号"体系，如简单的图形结构、动作组合等。

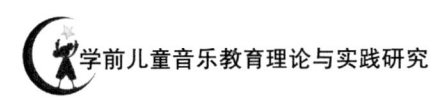

（1）图形总谱

图形总谱用形状和色彩表现配器方案。在图形总谱中，可以用几何图形、乐器音色的象征图、乐器形象简图作为乐谱的材料。总谱中的形状、色彩可以表现节奏、音色、速度、力度的变化及其结构特点。

对于认知水平有限的小班儿童，教师可以运用乐器音色的象征图、乐器形象简图。例如，在《小星星》的教学过程中，用星星图片表示节奏，用小星星表示四分音符，用大星星表示二分音符，若歌曲用拟人手法，则给星星画上眼睛。这样儿童会更感兴趣、更关注。教师也可以用不同的水果表示不同的乐器，例如：用樱桃表示撞钟，用香蕉表示沙锤，用大的樱桃、香蕉代表一拍，用小一半的樱桃、香蕉表示半拍。这样便于儿童记忆和掌握所使用的乐谱及演奏乐器，使其更好地把握音型与节奏。

（2）动作总谱

动作总谱主要用身体动作表现配器方案。学前儿童的身体动作主要包括儿童的基本动作如拍手、模仿一些音乐中出现的动物的动作和用舞蹈表现出来的动作。这些动作都可以作为乐谱的材料用于演奏活动中。教师在使用动作总谱时要注意不宜用笨拙的肢体动作表现比较密集的节奏，儿童的身体动作也不能太多、太复杂。

2. 指挥法

指挥法是打击乐演奏整体教学法中的一种核心方法。指挥法不仅要让儿童学会看指挥，更要培养儿童自己创造性指挥的能力。该方法通过让儿童扮演打击乐演奏活动中的指挥者这一角色，让儿童亲身感受指挥者和表演者之间的默契合作的重要性，帮助儿童掌握并熟悉演奏活动中音乐和配器的整体演奏效果。这种创造性指挥法适合中大班儿童。

3. 创作法

创作法是通过引导儿童参与设计配器方案和创作"变通总谱"的过程，帮助儿童掌握作品的整体音响结构的一种方法。这种创作法比较适合大班儿童。例如，在《洋娃娃和小熊跳舞》的配器编配中，教师可以在儿童熟悉音乐节奏、单段体结构的基础上，让儿童组成小组来创编这首音乐作品的图谱，然后试奏，以此来充分调动儿童的创作积极性。

二、打击乐器演奏活动的组织指导

学前儿童打击乐器演奏活动的组织指导教学程序主要包括活动前的准备和活动过程两大部分。

（一）活动前的准备

活动前的准备应从物质和知识两个方面进行。物质准备包括打击乐演奏活动中需要的各种乐器，以及活动时要使用的音乐、图谱等教具与材料。知识准备是指儿童的音乐知识以及其他方面的经验准备。

在打击乐演奏活动中，教师除了选择合适的打击乐器外，还要合理安排好打击乐器演奏的空间，包括打击乐器的布局、打击乐器音色的组合及教师的位置、演奏中学前儿童队形的排列等。

（二）活动过程的指导

学前儿童打击乐器演奏活动中常用的模式有两种：先分部后整体的传统活动模式；整体教学的现代活动模式。

1. 先分部后整体的活动模式

先分部后整体的活动模式是一种传统的打击乐演奏活动模式。它的程序是先分声部学习和练习，然后将所有声部合起来演奏。这种模式对于年龄小，认知能力、协调能力与合作能力较差的小班儿童是比较适合的。但是过度运用先分部后整体的模式，有时也容易造成儿童认知混乱或兴奋扩散。作为一种传统的打击乐演奏活动模式，它在实施过程中一般包括以下几个步骤。

①让儿童熟悉和欣赏音乐。教师引导儿童倾听音乐，帮助儿童熟悉、感受、理解音乐的内容、情绪、风格、曲式结构等，让儿童记住歌曲或乐曲的名字。

②让儿童随着歌曲或乐曲即兴跳舞，感受音乐的旋律、节奏和节拍。

③让儿童徒手练习节奏型。教师引导儿童随着音乐徒手练习各自乐器声部的节奏型，再让儿童集体徒手合奏，倾听整体效果。

④让儿童认识并使用乐器。教师应引导儿童观察所使用乐器的外形特征，听辨乐器的声音特点，记住乐器的名称，并学会乐器的演奏方法。

⑤让儿童掌握音乐的配器方法。教师应引导儿童了解打击乐的配器情况。例如，本节课共用几种乐器，哪些乐器在乐曲中起骨干作用，主要节奏型是什么，在乐曲中的表情作用，等等。

⑥让儿童手持乐器分声部练习。教师应引导儿童按照各个声部不同的节奏型，分别进行练习，等儿童初步掌握后，再让其把两个声部或更多声部结合起来练习。这种方式只适合中大班儿童，对小班儿童来说较难掌握。

⑦让儿童手持乐器分乐段练习。有的打击乐曲具有不同的对比乐段，如二段体或三段体，教师可以引导儿童分段掌握，分段地分别练习。这样做效果更佳。

⑧让儿童整体练习。教师应让儿童在分声部、分乐段练习的基础上进行合奏，使儿童学会聆听演奏的整体效果，努力使自己演奏准确，与整体协调配合好。

在合奏中，教师应充分发挥指挥者的作用，及时提醒儿童谁该演奏什么乐器，谁该停止演奏，以及什么时候改变节奏型等。教师的指挥可以是轻声口令指示，也可以是眼神、面部表情提示，重视培养儿童学会看指挥的能力。

2.整体教学的现代活动模式

近些年比较流行的整体教学的现代活动模式又可以具体分为先整体后分部模式和累加模式。

（1）先整体后分部模式

先整体后分部模式，即感受—整体模仿或创作—分部练习—再创作，其操作的具体步骤如下。首先，让儿童欣赏歌曲或乐曲，进行简单的身体动作节奏活动，初步感知音乐的情绪、风格、曲式结构、节奏和节拍等。其次，让儿童学习变通总谱。基础较弱的班级最好从模仿开始或在教师指导下参与创作变通总谱的过程。再次，让儿童进行分声部练习。复次，学生在教师指挥下进入多声部乐器演奏练习。最后，让儿童轮流指挥，集体练习。

整体教学模式是一种现代的打击乐演奏活动模式。其中的先整体后分部模式比较适用于各声部间相互依存较强的比较单纯的音乐作品的演奏中。例如，在打击乐《小鸭小鸡》演奏活动中，演奏者用三角铁的节奏型表现青草地贯穿全曲，用圆舞板模仿小鸭叫声，用沙锤模仿小鸡叫声。这首打击乐在编配上各声部间的相互依存性较强。儿童单独分声部练习会比较单调、没有效果，因此比较适合先整体后分部模式，这种模式可以让参与演奏的儿童有机会多了解作品的整体音乐效果。

（2）累加模式

累加模式的具体操作步骤如下。首先，让儿童熟悉音乐；其次，让儿童进行独立声部的模仿创作练习；再次，让儿童在熟练掌握该声部的基础上，用

"先整体后分部"的模式学习其他伴奏声部；最后，让儿童将伴奏声部"累加"到独立声部上去。

以后的步骤可依照"先整体后分部"模式的相应环节。其实，在实际教学中，这两种模式是被混合使用的。整体教学中的"累加"模式，主要适用于各声部有一定的独立性，或至少有一个声部或其他声部之间没有交错进行关系，整体音响较为复杂的音乐作品的演奏中。中、大班儿童比较适合这种整体教学模式。例如，在《新年好》的演奏活动中，演奏者用沙锤击打贯穿全曲，用三角铁击打强拍，用圆舞板击打弱拍。这种方式适用于各声部相对独立的打击乐作品的演奏中。

总之，在打击乐演奏活动中，无论是传统教学模式还是现代教学模式，年龄较小、经验较少且音乐能力较差的儿童可以采用模仿学习的方法掌握配器方案。

第三节 学前儿童打击乐器演奏能力的发展与培养

一、学前儿童节奏感的发展与培养

（一）学前儿童节奏感的发展特点

所谓节奏感，是指感受音的长、短、强、弱的能力，即个体的运动神经对交替出现的有规律的强弱、长短声音的反应。没有节奏，再美的音乐也只是形式。所以良好的节奏感既是开展打击乐演奏活动的基础，也是打击乐教学的目标之一。学前儿童的节奏感的发展具有以下特点。

①0～3岁的学前儿童在节奏方面的表现是随意的、散漫的、无组织的。

②3～4岁的学前儿童能够跟着音乐比较合拍地摇头、摆动身体、拍手、跺脚等。这个阶段的儿童可以通过大量的身体动作表演和简单的打击乐表演获得稳定的节拍感，尤其比较容易感受和掌握四分音符、八分音符所构成的歌曲或乐曲的节奏。

③随着听觉分化能力的逐步提高，4～5岁的学前儿童对歌曲或乐曲节奏的把握和表现能力方面都得到了较大的发展。他们不仅掌握了四分音符和八分音符的节奏，还能够比较准确地再现二分音符的节奏，甚至是带附点的节奏，并可以通过快与慢的配合理解节拍，通过歌谣朗诵的形式理解节奏型。

④ 5～6岁的学前儿童已经能够理解歌曲的节奏型，准确地表现2/4、3/4、4/4拍的歌曲或乐曲，能够独立完成快慢节拍的变化，同时对弱起节奏有一定程度的理解和掌握，并且能较好地掌握带附点的节奏和切分节奏。

（二）学前儿童节奏感的培养方法

德国儿童音乐教育家奥尔夫提出了"节奏第一"的教育观念。也就是说，"节奏是音乐的骨骼和灵魂，是生命力的源泉"。奥尔夫特别强调从节奏入手进行音乐教育。

节奏感是音乐能力的主要组成部分，在音乐活动中发挥着重要的作用。对学前儿童开展节奏训练是培养节奏感必不可少的一个环节，是幼儿园音乐活动中极其重要的一项工作。培养学前儿童的节奏感是为了培养他们在音乐中感受节奏美的能力和准确再现节奏的能力。培养学前儿童的节奏感，并不是一件容易的事情，需要教师灵活运用一些简便而有趣的方法循序渐进地培养。

1. 激发儿童兴趣

爱因斯坦说过："兴趣是最好的教师。"学前儿童音乐教育必须强调兴趣第一，把音乐和生活融合在一起。如果儿童对某一项活动毫无兴趣，就很难形成这方面的能力。因此，要激发学前儿童对节奏方面的兴趣，就要尽可能地创造一个良好的音乐环境。

首先，教师应用自身的行为来吸引儿童。教师应尽可能多地弹琴给他们听，跳舞给他们欣赏，通过自身的行为来吸引他们。

其次，教师应为儿童多提供接触音乐的机会。除了正常的音乐活动外，教师还要尽量在儿童校园生活中多播放音乐来感染儿童。例如，早上在孩子入园时，教师可以播放一段活泼欢快的音乐让他们倾听，使他们在轻松愉悦的氛围中开始一天美好的生活。又如，教师可以把音乐作为常规训练的信号：每节课课前，教师可以用琴声呼唤孩子，逐渐建立信号系统，让他们养成习惯，使其在听到某某歌曲或乐曲时就知道要上课了。再如，教师可以利用每天的午餐和午休时间播放轻柔舒缓的背景音乐，使之伴随他们安静地吃饭和安心地入睡。教师要有意识地利用日常生活中一切可利用的机会引导儿童倾听音乐、感受音乐，在不知不觉中培养其节奏感。

最后，教师可以和学前儿童在日常生活和教学活动中共同寻找节奏，以促使儿童对节奏产生兴趣。在现实生活中寻找节奏，是让儿童感知节奏、理解节奏，对节奏感兴趣的有效途径。例如，钟表的"滴答"声、下雨时发出的"哗哗"声、小动物们的各种叫声，如"嘎嘎嘎""叽叽叽"，等等，都是非常形象的节奏。

教师应使儿童产生模仿的兴趣，启发他们用嘴、用手、用打击乐器等形式表现出来。其实儿童并不理解节奏的含义，但是他们可以在模仿中感受并理解节奏，为进一步培养节奏感打下良好的基础。

2. 开展语言节奏训练

（1）人名的节奏训练

最简单、最富有节奏型、最易于为儿童所喜爱和掌握的语言节奏莫过于人名的节奏。无论是两个字的单名，还是三个字的双名，都可以表现出生动丰富的节奏。尤其是对于小班儿童，教师可以让其从有节奏地呼唤小朋友的名字、小动物的名字开始，寻找简短的节奏型，在引导其反复地呼唤中对儿童进行最初的节奏训练。用儿童名字作为语言朗诵的节奏练习，既可以培养儿童的节奏感，又有助于儿童自我意识、成就感和自信心的增强。儿童通常喜欢被教师和小朋友称呼自己的名字，因此用人名节奏可以充分满足儿童的愿望，也可以用作一种奖励手段来表扬那些表现较为突出的孩子。人名节奏训练可以成为儿童语言节奏训练的起点。

（2）儿歌童谣的节奏训练

儿歌童谣也是培养儿童节奏感的重要手段之一。这是因为儿歌童谣都是儿童熟悉的语言，不仅有丰富的词汇、整齐自然的韵律，还有丰富微妙的节奏，读起来朗朗上口。通过反复吟诵儿歌童谣也可以培养儿童的节奏感。

（3）语言游戏的节奏训练

教师可以通过语言游戏来培养儿童的节奏感。例如：教师可以选择几首节奏鲜明的儿歌，先分别拍出节奏，再让儿童猜儿歌的名字；也可以让儿童拍出儿歌的节奏，自己猜儿歌的名字。

3. 借助身体动作

身体动作是感受音乐节奏的生理基础。瑞士音乐教育家达尔克罗兹创立了体态律动学。他强调从音乐入手，让学生聆听音乐，教师应引导学生通过身体运动去接触音乐的各个要素。随着音乐有节奏地击打身体各个部位，如头、肩、腿等，拍自己或拍他人，或用脚有节奏地踩地等，都是让儿童用身体感受节奏、培养节奏感的活动。

德国儿童音乐教育家奥尔夫同样特别强调节奏与动作的结合，即身体节奏动作。目前，幼儿园最常用的人体节奏活动就是节奏模仿。即儿童模仿教师的人体节奏动作，或儿童之间相互模仿。它的一般形式：教师先有节奏地说"请你跟我这样做"，随后，教师有节奏地做动作；然后，儿童有节奏地回答"我

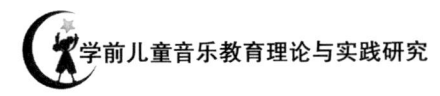

就跟你这样做"，紧接着儿童模仿教师的动作，可以从拍手开始，逐渐增加拍腿、踏脚、拍肩、抱胸、叉腰、点头、捻指等动作。教师在培养儿童节奏感时，一定要让其的身体动作参与进来，借助动作加深对音乐的体验和感受。

4. 利用节奏图谱

抽象的节奏谱缺乏生动性和形象性，不易于儿童理解且空洞乏味。用直观形象的图谱取代抽象的节奏谱，可以使复杂的音乐材料形象化，不仅能吸引儿童的注意力，还有利于他们的理解和掌握。尤其是小班儿童，采用直观形象的图谱更符合他们的思维特点和认知水平，更有利于他们对节奏的掌握。例如，用一个苹果表示一拍，半个苹果表示半拍，就很容易使儿童理解时值的长短关系。利用直观形象的图谱可以减弱儿童对教师的依赖性，充分调动他们学习的主动性和积极性，提高他们自主学习的能力。

5. 使用打击乐器

儿童生性好动，喜欢敲敲打打。根据这一特点，让学前儿童适当地进行乐器演奏，既能培养他们的节奏感，又能为将来的打击乐的学习做好铺垫。首先，教师应让儿童自选乐器，自由敲打，了解不同乐器的音响特点，然后，引导他们亲自操作，感受不同的敲击方法所产生的不同的音响效果。例如，用鼓槌分别敲打鼓的中间、侧面和边缘时，所产生的声音效果各不相同。当儿童产生了浓厚的兴趣时，教师应鼓励他们为所熟悉的歌曲和乐曲伴奏。

乐器游戏也可以培养儿童的节奏感。例如，教师徒手拍节奏，鼓励儿童模仿教师的节奏击打手中的乐器；或者教师用乐器击打各种节奏，使儿童通过拍手、跺脚、拍肩等动作模仿教师的节奏。在反复的练习中，儿童的节奏感会明显增强。

教师无论是单一使用还是综合使用以上这些方法与策略，都要注意与游戏性、情境性的教学形式相结合，让儿童主动去发现不同音乐作品中的节奏的规律，激发儿童对节奏的兴趣，在节奏中感受音乐的美妙。

二、学前儿童打击乐器演奏能力的发展与培养

（一）学前儿童打击乐器演奏能力的发展特点

1. 0～3岁学前儿童打击乐演奏能力的发展特点

0～3岁的学前儿童已经表现出对打击乐演奏活动的浓厚兴趣。在婴儿出生后不久，成人会拿着拨浪鼓之类可以发出声响的玩具轻轻摇晃吸引他们。听

到声音后，他们会主动寻找并逐渐表现出快乐情绪，慢慢地，自己会饶有兴趣地探索、操作可以发出声响的玩具。虽然此时的动作多是零碎的、偶然的，甚至是不协调的，但正是这种自由自在的即兴发挥和创造，为其今后进行打击乐演奏活动奠定了良好的基础。3岁前儿童的随乐演奏能力十分有限，不能与音乐保持一致的节奏和节拍。

2.3～4岁学前儿童打击乐演奏能力的发展特点

（1）乐器操作能力

乐器操作能力是指在打击乐演奏活动中操作乐器进行演奏的能力。这个年龄阶段的儿童进入幼儿园后，开始接触一些特制的打击乐器，如串铃、碰钟、木鱼、铃鼓等。这些形象生动、声音清脆的乐器极大地激发了他们对乐器演奏的兴趣。在教师的指导下，他们能学会比较简单的演奏技能。由于受到动作发展水平的制约，这一年龄阶段的儿童对乐器的操作能力、探究能力都受到一定影响。

（2）随乐器演奏能力

随乐演奏的能力是指在演奏打击乐器过程中奏出的音响与音乐协调一致的能力。3岁左右的儿童随乐演奏的意识和随乐器演奏的能力比较弱，直到3岁末期才具备初步的随乐意识，能做到基本合拍地演奏乐器，并能从与音乐协调一致的活动中获得快乐。

（3）乐器演奏活动中的协调合作能力

乐器演奏活动中协调合作能力主要指在演奏打击乐过程中能注意倾听同伴、集体和自己的演奏，并有意识地努力在音色、音量等方面与集体达成默契，塑造整体效果的能力。这一年龄阶段的儿童的自控能力相对较弱，他们在演奏中在使各声部之间相互配合上有一定困难，但在教师的引导下能够学会与同伴一起开始和结束演奏，能够初步理解简单的指挥手势，愿意在演奏活动中与他人积极地交流配合，能微笑面对指挥者，与指挥者对视。

（4）创造性表现能力

创造性表现是指在演奏打击乐过程中运用节奏、音色、速度、力度的变化设计配器方案，进行演奏活动的能力。在教师的指导下，这个年龄阶段的儿童已有初步的创造性表现，能够为所熟悉的、节奏鲜明的音乐作品选择合适的乐器进行演奏。

3. 4～5岁学前儿童打击乐演奏能力的发展特点

（1）乐器操作能力

4～5岁的学前儿童在操作乐器和演奏技能方面比小班儿童有了明显的进步。他们能够初步学会用小肌肉群演奏乐器，不仅能模仿教师的演奏方法，还会探索同一种乐器不同的演奏技巧，并能掌握一些需稍高演奏技巧的打击乐器。这个年龄阶段的儿童能学会使用更多的乐器，掌握更多的演奏方法。

（2）随乐演奏能力

这个年龄阶段的儿童的随乐意识增强。大多数儿童不仅能够合着音乐的节奏和节拍进行齐奏，还能学会用两种以上的不同节奏型跟随音乐合奏。他们懂得通过控制、调整用力方式和力度奏出所需要的音量和音色，而且更加自觉地注意倾听音乐，努力使自己的演奏与音乐一致。

（3）乐器演奏活动中的协调合作能力

这个年龄阶段的儿童看指挥、理解指挥的能力也有所发展。在演奏活动中，他们能够有意识地与他人配合，处理好自己声部与其他声部之间的关系，与他人共同完成打击乐活动。

（4）创造性表现能力

这个年龄阶段的儿童感知能力提高，对节奏、音色、速度、力度等的表现力有所增强，运用音乐要素进行创造性表现的能力也不断提高。他们能够掌握一些基本的节奏型，并且能尝试着用不同的音色配置方案来装饰这些节奏型。

4. 5～6岁学前儿童打击乐演奏能力的发展特点

（1）乐器操作能力

随着年龄的增长，5～6岁的学前儿童能够掌握和使用的打击乐器的种类更加丰富，能力也不断提高。在教师的引导下，他们能用自然、协调的动作来演奏一些需一定演奏技巧和有一定演奏难度的乐器，如三角铁、双响筒、木琴等。这个年龄阶段的学前儿童能够有意识地通过调整自己的用力方式和用力强度来控制音量和音色。

（2）随乐演奏能力

这个年龄阶段的儿童随乐演奏能力明显提高。在演奏过程中，他们能用适中的音量和好听的音色来表现，并随时注意倾听音乐和其他声部的演奏，使自己的演奏与整体音响效果协调一致。

（3）乐器演奏活动中的协调合作能力

这一年龄阶段的儿童与他人协调合作的能力得到更好的发展。他们能够主动关注整个乐队的整体音响效果,还能注意到自己的演奏与背景音乐在节奏、节拍上的一致性,对音乐的表现力明显增强。他们能够迅速理解指挥者的各种手势并积极地加以配合。而且自己指挥时能够明确地对演奏者做出指示,能够用面部表情、体态等肢体语言与同伴进行交流沟通,以唤起全体演奏者的合作热情。

(4) 创造性表现能力

这一年龄阶段的儿童在创造性方面表现得更加积极主动。他们运用节奏、音色、速度、力度等音乐元素进行创造性表现的热情越来越高涨,能力也越来越强。这不仅体现在对配器方案的讨论上,还体现在对打击乐器制作的探索等方面上。

由此可见,随着年龄的不断增长和动作发展水平的不断提高,学前儿童的打击乐演奏能力也呈现出逐步提高的趋势。

(二)学前儿童打击乐器演奏能力的培养方法

较强的打击乐器演奏能力是打击乐器演奏活动顺利进行的质量保证。学前儿童打击乐器的演奏能力的培养方法主要包括教会儿童认读节奏谱、指导儿童掌握并熟练运用演奏技能、使儿童学会看指挥和自己指挥。

1. 教会儿童认读节奏谱

节奏谱是记录了打击乐声音的符号。认读节奏谱是儿童进行打击乐器演奏的前提条件,对于培养学前儿童打击乐演奏能力具有重要意义。我国儿童在幼儿园主要学习简谱形式的节奏谱。第一,教师要教会儿童认读乐谱。按照由易到难的原则,应让儿童先认读四分音符节奏,再认读二分音符、八分音符、十六分音符,最后认读附点节奏、切分节奏等。第二,教师应教会儿童看谱拍手,即在能读出节奏谱的基础上,用手把读过的节奏拍出来(也可以边读谱、边拍手)。拍手时,儿童应以小臂和手腕发力;击打速度越快,动作幅度应越小。拍手要求节奏准确,不要求声音大。儿童在拍手时,比较难掌握的是后半拍节奏(或者说休止强拍的节奏)。

2. 指导儿童掌握并熟练运用演奏技能

培养学前儿童打击乐器演奏能力的重要的方法就是帮助儿童掌握并熟练运用基本的演奏技能。儿童在学习演奏技能时,要从最简单易学的打击乐器开始,先学会一种,再学另一种,待前两种熟练后再学第三种。例如,可以先学撞钟、串铃、木鱼,等有了一定的基础后再学圆舞板、铃鼓、响筒,最后学小镲、军鼓等。待儿童熟练掌握基本演奏方法后，教师再对儿童开展各种节奏型的演奏训练。需要注意的是，教师要按照由易到难的顺序组织开展各种节奏型的演奏训练；在反复练习时，儿童容易感到枯燥，教师可以找相应拍子的乐曲合奏，以提高儿童的兴趣。

3. 使儿童学会看指挥和做自己智慧

使儿童学会看指挥是培养打击乐器演奏能力的有效途径。儿童对打击乐器演奏活动中的"看指挥演奏"和"指挥"部分内容的学习，对培养儿童打击乐的演奏能力有着重要意义。

第一，教师应指导儿童理解指挥者准备、开始和结束时的手势动作，从而使儿童的演奏符合指挥的手势；知道用眼睛注视指挥者，身体微微前倾与指挥者沟通、交流；能够看懂指挥者表示节奏和音色变化的手势动作，使自己的演奏效果与集体的音响效果协调一致。儿童只有看懂了指挥，才能奏出和谐、美妙的音响效果。

第二，教师应教给儿童基本的指挥方法。儿童作为指挥者，不必学习专业的指挥手势，只要掌握最基本的指挥手势就可以了。例如，教师应让儿童学会用动作表示准备、开始和结束等。教师应通过示范讲解让儿童明确指挥的动作要清楚、到位，易于让被指挥者理解并做出反应；让儿童指导指挥时身体要略前倾，用眼睛注视被指挥者，用体态和表情激发被指挥者的合作热情；知道如何用指挥动作表示节奏和音色变化的手势动作，使自己的演奏效果与集体的音响效果协调一致。

第四节　打击乐器演奏活动中的教学障碍与消解策略

一、打击乐器演奏活动中的教学障碍

目前，很多幼儿园在开展打击乐器演奏活动中，存在以下教学障碍。

（一）活动容量太多、学习难度大

目前，许多儿童在幼儿园开展的一次打击乐器演奏活动中，儿童既要熟悉乐曲，了解并学习教师的演奏图谱（动作总谱、图形总谱或是语音总谱），又要自选乐器、自编节奏，最后还要完整随乐演奏，并且仍要追求完美的演奏效果。一次活动的容量太多，难度太大，导致整个活动中教师忙着追赶环节，教师和儿童双方都十分疲惫。

例如，在某大班儿童开展的打击乐器演奏教学活动《红旗颂》中，教师事先为音乐精心创编了十分形象的图形总谱与动作总谱。首先，在活动开始时，教师应启发儿童边听音乐边完整欣赏教师的动作方案，体会动作总谱的特点；其次，教师引导儿童分段欣赏，使其进一步体会各演奏动作与音乐结合的规律，并引导儿童初步模仿其中的部分动作；再次，教师引导儿童探索音乐、动作与乐器之间的关系，启发儿童大胆为不同乐段匹配乐器与节奏型；最后，教师组织儿童分组徒手练习、全体徒手练习，实现使全体儿童持器正确的教学目标。演奏的效果不错，但儿童似乎十分疲惫，对该音乐作品及其演奏活动深感审美疲劳。

（二）在演奏时难以与指挥进行有效的交流

打击乐器演奏活动中的"指挥"以及儿童"看指挥演奏"的过程，对儿童的音乐能力以及社会性发展有着重要而特殊的意义。儿童通过看指挥，能够理解指挥的手势、表情以及眼神提示，积极调整自己的演奏，使得整个演奏活动的音响效果和谐动听。同时，儿童还从中学习与人沟通、合作，主动调整自身演奏效果，使之与他人或集体演奏效果协调一致。而目前不少年轻教师在指挥过程中暗示性偏弱，导致上述教育目标无法实现。

例如，在某个幼儿园的节目会演中，一位年轻教师在指挥儿童演奏《木瓜恰恰恰》。可是，她的指挥手势就像指挥合唱那样，一上一下地划着拍子，无法让儿童明确自己应何时开始演奏，何时与其他乐器交替演奏。同时，该教师指挥时眼睛一直盯着一个位置，很少与儿童沟通交流。儿童越演奏越茫然。最终，全班儿童乱敲一气，活动室里乱成一团。

（三）儿童的主体性与打击乐器演奏技能之间难以共同发展

在幼儿园打击乐器演奏活动的教学实践中，一线教师常常陷入儿童的主体性与音乐技能之间像跷跷板那样"你上我下"、难以共同发展的困境。

一些教师为了追求演奏的音响效果，就要求儿童依样画葫芦地完全按照教师的演奏方案不断练习，导致整个活动中儿童的主体性严重缺失。还有的教师为了发挥儿童的主动性，鼓励儿童为乐曲自主选择乐器、编配节奏。而儿童常常因为缺乏必备的知识技能支持，所以，创编出来的演奏方案缺乏美感，导致演奏效果一般甚至不好。

二、打击乐器演奏活动中教学障碍的消解策略

（一）活动内容简单化

教师热衷于追求一次活动的完美，这是可以理解的。但教师必须综合考虑儿童的音乐能力、演奏乐器的水平以及音乐作品本身的内容与难度等各种因素。

1. 精选内容，降低难度

教师在选材时宜选择短小、性质鲜明且对比明显的音乐作品。同时，打击乐曲的配器应以简单、多重复为宜。教师不要过分追求难度与变化。

2. 把握重点，前后渗透

一次教学活动宜重点突破某些个别问题，解决某些难点，往上下延伸渗透其他内容，不需涉及所有内容。在一次演奏活动中，乐曲的欣赏应在打击乐器演奏活动之前就已经完成。教师还可引导儿童对乐曲的演奏方案进行初步的探讨。教学活动的重点就是儿童交流各自的探索经验，在教师的引导下进一步完善方案，并初步进行集体性的合奏。

（二）指挥有效化

在打击乐器演奏活动中，指挥起着重要的作用。一般打击乐器演奏活动中的指挥主要由教师担任，适当时候可以由能力较强的儿童担任。但需要教师进行必要的指导帮助，以达到较好的演奏与沟通交流的效果。

1. 提高指挥的基本技能

一般而言，学前儿童打击乐器演奏活动的指挥所需要的技能主要有：知道如何用动作表示"准备""开始""结束"，指挥演奏时的起势、击拍、收势等动作清楚、明确，易于让被指挥者做出正确反应；同时，应对演奏方案十分熟悉，能熟练进行指挥，并使自己的指挥动作与音乐相协调。

2. 提高与儿童交流的意识与能力

在指挥演奏过程中，指挥应将身体略倾向被指挥者，用眼睛热切注视并用适宜的体态激发被指挥者的演奏热情，同时，在声部转换之前应提前一拍将头部和目光转向下一个将要演奏的声部。

（三）学前儿童演奏的平衡化

一次成功的打击乐器演奏活动应是在充分尊重儿童主体性的基础上，有计划、循序渐进地发展儿童的演奏能力与审美能力。因此，教师应根据不同年龄

段的儿童的音乐能力，有针对性地采取适宜的策略，使得儿童的主体性与演奏技能发展达到动态的平衡。

1. 根据儿童的年龄与发展水平，动态调整教学重点

年龄越小的儿童越需要学习打击乐器演奏常规。所以，教师需对幼儿园小班儿童在正确持器与演奏技能等方面进行具体的指导与帮助，多使儿童积累听音乐的经验。随着儿童年龄以及乐器演奏经验的增长，教师应逐步放手，引导儿童自主探索配器的方案与演奏方法，指导儿童认真倾听与比较不同方案的演奏效果，并进行改进。

2. 允许儿童自选乐器，并以标志的方式固定座位

教师应允许并鼓励儿童自由选择自己喜欢的乐器。儿童会对自己选择尤其是争取到的乐器倍加珍惜，能更加主动、积极地学习。

由于乐器是由儿童自由选择的，如若再让他们自由选座，则会出现各类乐器排列不集中的问题，既影响演奏效果，又不便于教师指挥。为了解决这一问题，教师可把座位进行相对固定，并按乐器方块做好标记，使儿童自由选好乐器后，能很迅速地按标记找到相应的座位。

3. 投放节奏卡，引导儿童自选

当儿童选择好乐器后，教师应引导学前儿童开始演奏。中小班儿童缺乏分组讨论的经验。如若完全任凭其自由演奏，则较难产生和谐的音响效果。教师可根据儿童已初步掌握的几种简单的节奏型，设计成形象生动、儿童容易理解掌握的节奏卡，先让儿童选择适宜的节奏型并进行试奏，再组织全体儿童共同演奏。

第九章　学前儿童音乐创造力与教育评价

学前儿童一直是国家乃至社会各界关注的重点。在儿童学习音乐的过程中，其创造力的培养和发展是十分重要的。

第一节　创造力的产生机制

人的创造力是一种人根据其目的，通过将已知的信息综合起来而产生的一种独一无二的、且具有一定社会价值或个人价值的能力品质。毫无疑问，创造性活动是一种除旧布新的活动，那么问题在于：创造性活动到底是以什么为基本条件的？是新的意象？还是新的思维？也就是说，创造力产生的机制究竟是什么？在长期的研究中，人们提出了许多理论概念来解释这一机制。

一、发现假设理论

支持"发现假设理论"的学者们认为，新思想的产生是由于人的各种感知功能所引起的，或者是人们在生活的过程中偶然间受到一些外部因素影响而产生的。

发现假设理论的代表人物是美国生理心理学家沃尔特·坎农。他列举出了一整张在他看来是偶然间成功的发明家名单，其中包括著名的新大陆发现者哥伦布、生物电现象的发现者加尔瓦尼等。

虽然一些学者倾向于将这种偶然机遇作为一种解释理论，但是这种理论更多地似乎是对幸运的等待，类似于"守株待兔"，没有探寻到创造力由来的内部根本因素。美国心理学家吉尔福特也坚决反对将偶然成功作为成功的解释原则。因为这样会在一定程度上扼杀人们的求知欲，阻碍人们对世界的探索。

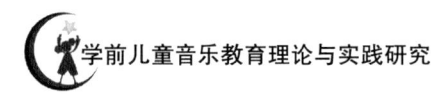

二、精神分析学派的观点

奥地利著名精神医师、心理学家、精神分析学派创始人西格蒙德·弗洛伊德认为，人在没有主动意识的情况下与能够自我控制、有意识、较理性的情况下的表现会很不相同，而创造力的源泉就存在于无意识的心理过程中。

在无意识状态下，人的欲望没有被理性压制，而通过无意识举动得以升华，这样就可以导致创造力的出现。这种情况和儿童在玩"过家家"扮演成人角色从而满足自己对现实生活一样。成人则通过源源不断的创造来满足自己对世界的需求。一个人的童年生活经历会直接影响这个人今后的创造。

通过上述说明可以看出，弗洛伊德是透过创造力产生的动机角度来解释创造力产生的原因，他仍然没有探寻出创造过程中人的内部心理，为此美国心理学家阿瑞提说道："对现实的不满足仅仅是由于产生挫折和神经病吗？……关键的问题是要弄清，一些天才的男女为什么能够把他个人以前或新近的经验当中所产生的感触和动机转变为创造性的生产力。"

尽管继弗洛伊德之后，瑞士精神分析学家、卡尔·古斯塔夫·荣格又提出了创造过程来源于"集体无意识"的观点，试图摆脱仅仅局限于个人的创造力理论。但是，荣格还是没有对人是如何创造出更多新的、独特的产品做出更多的解释。

不论怎样，精神分析学派提出的有关创造力是如何产生的一些论点为后续研究者继续研究创造力带来了很大的启示。

三、阿瑞提的三级过程理论

美国当代心理学家阿瑞提在他的著作《创造的秘密》中提出了自己对于创造力与创造过程中心理活动的独特见解。

为了论证创造力的内部机制，他提出了"原发过程""继续过程""第三级过程"这三个概念。简单地讲，这三个过程就类似于无意识过程、意识过程和审美的升华过程。无意识的欲求构成了原发过程的主要内容，意象、内觉等概念活动构成了继发过程的主要内容；这两个过程的完美匹配是第三级过程的主要内容，创造的精神就蕴涵其中。

阿瑞提认为，创造力就意味着人在原本看来毫无联系的事物之间觉察到一种"相似和同一"的能力；而这种发现"相似和同一"的能力在很大程度上又取决于意象、内觉等无意识过程的功能发挥。

阿瑞提认为，同依靠外在感官的感觉相反，意象只是一种内在心理活动的表现，它可以是任何不在场、不存在的事物。当然，意象并不是凭空产生的，意象中出现的形象又源于人的知觉记忆，是对记忆痕迹的加工润饰。人的意象主要有视觉和听觉两种。但是对于大多数人来说，视觉意象起着主要的作用。大多数意象都是朦胧、含混、模糊的，它不是对记忆痕迹的真实再现，而是不完全的复现。也正因为大多数意象与原来的知觉形象之间存在着差距，是对原知觉的变形或歪曲，它才能把人从死板的真实再现中解放出来，为新东西的引入创造了前提。因此，我们可以认为意象就是最初的创造力萌芽，是一种创新。

对于某些人来说，意象阶段的创造在人的思维过程中占有绝对的优势。爱因斯坦在给朋友的一封信中就曾提到，写下来的词句或说出来的语言在他的思维机制中并不起任何作用；他的认识过程开始于视觉型和肌肉型的意象；语词后来参与进来，但纯粹是以听觉的形式参与进来的；他能随意地再现这些意象并把他们结合起来，他大量地运用意象并能从意象直接进入最抽象的思维活动中。

根据阿瑞提的阐述，我们认为这种所谓的"意象"应该就是一种形象性较强的想象活动。这种想象活动虽然依赖于人的记忆，但创造的成分更多于再现的成分，因此更类似于人的创造性想象。

阿瑞提还重点考察了与创造力过程密切相关的"内觉"，即无定形认识，也就是不能用形象、语词、思维或任何动作表达出来的一种认识。内觉是与概念有区别的。概念是一种成熟的认识形式，能够被体验到或被提出它的人明确地表达给其他的人。阿瑞提指出，人的某些心理过程的发生不具有表现性（也就是没有形象），如惊愕、忧郁、疑惑等心理反应都属于"不能详细准确加以分析的体验"。不过他认为，移情就是一种传达。那些内觉水平占优势的人可能会从别人那里体验到较强的移情感受。

当内觉发生转化，即人找到了某种可供传达的形式时，就为创造性时刻的到来提供了条件。在创造性产品产生之前，它们往往是以内觉的形态预先存在于人们的心灵之中。有创造力的人常常自觉或不自觉地选择逃避某种既定的或所谓的"正确的"秩序体系，或者说当他们处于这样的概念体系中时会感受到某种欠缺或不圆满，所以他们往往让精神活动中的一个部分退回到无定形认识的阶段，回到那个模糊不定的心灵世界中去。这些有创造力的人的内觉认识处于一种不确定的状态。他们总在寻找一种形式，一种能够带有确定结构的组合。当某种合适的形式被找到之后，创造性的产品也就应运而生了。在阿瑞提看来，最接近内觉认识阶段的创造力形式就是音乐和抽象的视觉艺术。音乐并不一定是在模仿溪流或鸟鸣之声。同样，抽象艺术中的色、线、形也许并不代表任何自然存在的事物，而是企图表现艺术家的内觉认识。

内觉认识与音乐之间的这种微妙联系在哲学家那里曾得到过证实。尼采在他的《查拉图什特拉如是说》一书中曾经提到过音乐。1883年2月的一天，在一个意大利小村庄里，尼采"从对于音乐所产生的那种突然的、深刻的决定性转变中"体验到一种他喻为"预兆"的感受。那天他发现"音乐的长生鸟在我们头顶上盘旋，装饰着比以往任何时候都更加美丽更加闪亮的羽毛。"他所说的这种感受正是内觉认识。

在作为原发过程的意象和内觉阶段，个体的心理活动能够暂时脱离意识的或正常的理性思维的轨道，主要受一种旧逻辑思维的制约。这有助于个体在事物之间发现新的"相似与同一"，从而为创造性活动的展开提供了前提。因此，如果我们能够充分挖掘意象和内觉认识中的心理潜能，创造出新产品的概率就会大得多。

但是，原发过程中呈现的内容毕竟是散乱的、模糊的，并不能直接被称为创造性产品。此时，人就需要借助继发过程思维（逻辑理性思维）对这些混乱的、原始的认识内容（发现的"相似或同一"）进行筛选、鉴别、检验，赋予其能够被社会所认可的概念形式，通过原发过程和继续过程的完美匹配，创造出新颖、独特而又有价值的产品。

阿瑞提的三级过程理论是迄今为止有关创造力过程及机制的学说。不过，他还没有回答的问题有：究竟是什么原因促使创造者退回到原发过程的思维活动中，去寻找新的"相似与同一"？在散乱的意象和内觉的认识中，创造者又是以怎样的标准来挑选可以构成创造性价值的思维内容的？或者说，是否存在着一定的标准与动机呢？

四、戴维·玻姆的观点

美国著名量子力学家、科学思想家戴维·玻姆在20世纪60到80年代期间，曾就创造力的问题进行过深入的思考与分析。他结合了丹麦物理学家玻尔、美国著名科学家爱因斯坦在物理学上的成就，全面阐述了创造力在形成过程中的本质。

戴维·玻姆认为，创造力就是在原发过程与继发过程的相互结合与匹配的三级过程阶段中产生的，主体对"完美和谐的秩序与结构"的内在追求使其心理活动暂时退回到"意象""内觉"等无意识的原发过程中，在这里，旧逻辑思维发挥着决定性的作用，使主体发现了事物之间的新的"相似或同一"，再通过理性的逻辑思维的调节和筛选，最终形成新颖、独特的符合主体的某种审美需求的创造性产品。

第二节　学前儿童创造力的评价方式

一、学前儿童创造力的非正式评价方式

长期以来，人们对创造力的探讨，一直处于哲学思辨阶段。许多哲学家、心理学家往往只根据对经验事实的观察、分析来描述、推测这种神秘莫测的心理现象。随着心理学研究方法的发展和科学技术的进步，如何加强对创造力的客观评价逐渐进入了人们的视野。一些新的科学探索使创造力评价逐步摆脱了哲学思辨状态。

1883年，高尔顿在出版的《人类才能及其发展的研究》一书中首次提出自由联想实验。这项开创性的实验告诉人们，对创造力的测量不仅是应该的，而且是可能的。1896年，比纳开始编制开放性的智力测验，测验题目没有固定答案，类似于现在的发散思维测验，为创造力测量开辟了全新的路径。1922年，辛普森编制出创造性想象测验，借以考察个体创造力的结构、流畅、独特和变通能力。1950年，当选为美国心理学会主席的吉尔福德做了题为《创造力》的著名演讲，极大地推动了心理学对创造力的研究。之后，各种较为有影响的创造力测验也相继问世。

然而，真正适合学前儿童创造力评价的工具却少之又少，对学前儿童创造力的评价要更多地借助于对创造性产品的评价，这也是由学前儿童创造力的发展特征所决定的。近年来，艾曼贝尔提出的"同感评估技术"也显示出越来越广泛的应用前景。

托兰斯教授提出了评价学前儿童创造力的非正式方式：参照早慧的特征和创造性倾向的行为特征，根据家长、教师或其他有关的人提供的情况来评价。

早慧儿童也被称为"天才儿童""超常儿童"，是指成长于同一环境中，与同龄人相比能够取得更高的成就或者是有潜力取得更高成就的儿童，他们不论是在智力，还是在领导能力、艺术能力，或者是创造力上都能够有着较高的水平或潜力。托兰斯共列举了10条标准，以帮助家长和教师判定儿童是否为"天才儿童"。

①能运用超过儿童年龄段的词汇。
②在很多方面都"见多识广"。

③能够快速领悟事物之间的因果关系。
④对于事物有着敏锐的观察力与嗅觉。
⑤能够专心沉浸在某一事物之中，并努力追求自我完善，还能够进行自我批评。
⑥对很多"成人"问题有着很浓厚的兴趣，如政治、经济、种族、宗教等问题。
⑦习惯性将事物、人或情境加以组织结构化。
⑧有着广泛的兴趣爱好，对某一事物有着强烈的好奇心。
⑨对幽默的事物非常敏感，能够察觉到一般人感觉不到的幽默新鲜事物。

二、学前儿童的创造性思维测验

目前，国外流行的儿童创造力测验主要有南加利福尼亚测验、托兰斯创造性思维测验、芝加哥大学创造力测验等。本书推荐适用于学前儿童创造力测验的工具为托兰斯创造性思维测验。

托兰斯创造性思维测验于1966年编制，是目前应用最广、最为著名的创造性思维测验标准。这种测验适用范围广。不论是对于幼儿园儿童，还是对于研究生，测验者都可采取这种测验。但是四年级以下的儿童需要进行口头式测评。该测验分为三套测验量表，每一套都要有两个副本，以满足在实际操作过程中初试和复试的需要。

第一套是言语创造性思维测验量表，由七个分测验组成。
①提出问题。被测验者根据图画内容说出所联想到的一切。
②猜想原因。被测验者根据图中所画事件猜想事件可能的起因。
③猜想后果。被测验者试想图画中的时间所可能带来的后果有哪些。
④产品改造。被测验者将一个玩具图形尽可能按照自己的想法加以改进，并尝试用多种不同的方法改进。
⑤用途实验。被测验者说出某种物体的通常用途以及通常用途之外的非常用途。
⑥提出非常理性问题。儿童需列举一种事物，要尽可能多地去提出非常理性问题。
⑦假想问题。被测验者想象一种不可能发生的事情以及这件事情所可能带来的后果有哪些。

第二套是图画创造性思维测验，由三个分测验组成。

①图画构造。将一个蛋形彩色图呈现给被测验者，并要求其以此为基础去尝试构造自己所想象的画面。

②半完成图测验。将一个由十条线构成的简单图画交给被测验者，并要求他们按照自己的想象完成这幅图画，并加以命名。

③圆圈（或平行线）测验。共包括30个圆圈（或30对平行线），要求被测试者以此为基础，尽可能按照自己的想象画出不相同的图画。

第三套是声音和词的创造性思维测验，由两个分测验组成。

①声音想象。将4种熟悉与不熟悉的声音依次呈现3次，要求被测验者分别写出其根据声音所联想到的东西。

②象声词想象。播放10种模仿自然的声音，并依次呈现3次，要求被测验者分别写出其所联想的事物。

这三种测验的积分方式也略有不同。言语创造性思维测验从流畅性、变通性、独特性三个维度记分；图画创造性思维测验从流畅性、精致性、独特性、标题抽象性、沉思性（抗过早封闭性）五个维度记分；声音和词的创造性思维测验只记独特性得分。托兰斯创造性思维测验的特色在于其操作过程的游戏性，即用游戏的形式将各项测验组织起来。这符合儿童的身心特点。

三、学前儿童创造性产品的评价

创造性产品的评价主要通过对被试的产品的创造力水平的评价，或通过他人对该产品的创造力水平的评价来直接或间接地衡量被试的创造力。提倡学前儿童创造性产品的评价主要有两方面的原因。一方面，创造力经常被定义为"根据一定目的，运用一切已知信息，产生出某种新颖、独特、有社会或个人价值的产品的能力品质"，因而儿童的创造力是通过创造性产品体现出来的。比如，我们就可以根据陶哲轩在儿童时期出版的书和发表的论文来判断他的创造力。另一方面，皮亚杰认为学前儿童的思维正处于感觉运动阶段和前运算阶段，他们的认知和理解能力远远不及学龄儿童，甚至还不认识字。这就暴露出通过纸笔测验考察他们创造力的局限性，因此，以创造性产品来评价学前儿童的创造力便显得尤为重要。正因为创造性产品能最直接地反映儿童创造力，所以，许多学者认为研究儿童的创造力应该从分析他们的创造性产品入手。

学前儿童创造性产品的评价通常使用外部评判，它又分为专家评定和教师评定两种。

陶象国夫妇已经通过智力测验、数学才能测试等科学手段测量了儿子的智商和数学才能，但他们还是去美国直接咨询了费弗曼教授，以进一步确认陶哲轩的数学才能。我们从这里不难发现，尽管教师评定在西方教育界得到了广泛使用，但人们依然存在着一定的疑虑，总觉得教师评定要比专家评定的效度低些。因而各种各样的教师评定工具被开发出来，以协助教师评定儿童创造性产品的具体特征。例如，创造性产品的语义量表就要求评定者判断产品的新颖性、问题答案的严密性和综合性；儿童产品评价表则提供了产品创造力的九种评价标准（如问题聚焦、资源的适宜性、新颖性、动作定向等）。也有人用新颖性、技术的适宜性和审美倾向等三项指标来分析儿童的创造力。虽然每种评定工具都给出了信度指标，但其效度仍有待进一步验证。

第三节 学前儿童音乐教育评价的内容和方法

学前儿童音乐教育评价的内容是指评价的具体范围。评价的标准是指对评价要求的具体规定，即评价的尺度，它们共同构成了整个学前儿童音乐教育评价的指标体系。

一、学前儿童音乐教育评价的内容

具体来说，学前儿童音乐教育评价可以分为三个方面。
①学前儿童音乐能力的发展评价。
②学前音乐教育活动评价。
③幼儿园音乐教育工作的整体评价。

（一）学前儿童音乐能力的发展评价

观察学前儿童的音乐能力发展状况，可以在一定程度上反映出儿童在日常生活中是否主动参加过音乐活动、教师组织安排专门的音乐活动，以及在家中的音乐启蒙等情况。作为孩子的教师与家长应能够通过观察、谈话，或利用问卷等方式对学前儿童进行音乐测评。此外，一些音乐教育专家以及权威性机构所制定的儿童发展能力标准，也可以为教师和家长评价儿童的音乐能力发展情况提供参考。

1. 西肖尔音乐才能测量

20世纪初的美国音乐教育界兴起了一场实施音乐测量和评价的运动。对音乐教育实施的测量和评价，可以通过较为客观、可靠而有效的测量手段来收集音乐教育过程中有关儿童在音乐上的发展特征和成就，从而使音乐教育能够依据音乐测量得来的客观资料，评价音乐教育及其过程，并完善音乐教育的目标、课程及其教学。

在这场音乐测量运动的推动下，世界上第一套标准化的音乐测量工具诞生了。它就是由美国音乐心理学的著名代表人物卡尔·西肖尔编制的《西肖尔音乐才能测量》。他在做了大量研究工作的基础上，编制了测量音乐才能的六个测验项目。

①音高感。即音高差别感受性（用音高差别感觉阈限来测量，让被试听两个不同频率的单音，要求回答第二个音较第一个音是高还是低）。

②音强感。即音强差别感受性（用音强差别阈限来测量，让被试听2个不同响度的单音，要求其回答第二个音较第一个音是重还是轻）。

③时值感。即对音的长短差别的感受性（用音的长短差别阈限来测定，让被试听2个不同时值的单音，要求其回答第二个音较第一个音是长还是短）。

④音色感。即对音色和音质的区分能力（让被试听2个谐音有所差异的单音，要求其回答两个音的音色是相同还是不同）。

⑤音高记忆。即在重复呈现某些彼此无关的音时，能发现某音音高变化的能力（让被试听两条连续音高，每条含5个音，要求其回答音高有何不同）。

⑥节奏感。即在重复呈现敲击的节奏型时，发现节奏变化的能力（要求被试听两个节奏音响，回答其节奏是相同还是不同）。

虽然《西肖尔音乐才能测量》是一个典型的心理物理学性质的实验室测量工具。它把每一个子测验的自变量的变化仅控制在一个单一的因素内，且发声媒体是非音乐性质的实验室仪器。因此，将它作为音乐才能测验的工具来预测广义的音乐成就的发展程度的效度将并不高。同时，这个音乐测验工具也并不是针对学前儿童的。但是这个音乐测验工具可以用来探究不同个体上存在的音乐潜能的差异性。例如，某人可能对音高的微小差异高度敏感，对节奏差异中等敏感，对音色差异敏感性较低，等等。这些表现在不同个体身上的音乐能力倾向能够为儿童音乐成就的早期估测、诊断以及音乐教学的因材施教提供有参考价值的依据。

2. 戈登的初级音乐表象测量

继西肖尔的音乐才能测量之后，西方音乐教育界又出版了一系列有代表性的音乐才能测验。如翁氏音乐智力测验、克瓦尔瓦塞-戴克马音乐才能测验、德雷克音乐才能测验、戈登音乐才能测验、本特利音乐才能测验等。这些测验由于采用了钢琴、小提琴、大提琴及录音磁带作为测验的发声媒体，测验的效度大大提高。特别值得一提的是，美国著名音乐教育专家、心理学家埃德温·戈登于 1965 出版了著作《音乐才能测量》，紧接着于 1979 年又出版了《初级音乐表象测量》。该测验特别针对更加年幼的测验对象。

戈登的初级音乐表象测量主要包括两个测验阶段。

①音调测验阶段。

②节奏测验阶段。

这两个子测验每个均包括 40 个测试项。音调测验中的每个测试项都是成对的音序列，由 2~5 个时值相等的音组成。成对的音序列或完全相同，或其中一个音有所改变。节奏测验中的每个测试项则是由音高相同的音组成的成对的节奏型。它们有的完全相同，有的拍子或音群的组织不同。每个测式项里，每对片段中间均隔 5 秒钟。所有的测试项均为电子合成。测验要求儿童听辨这些成对的片段中第一个和第二个是相同还是不同。

为了方便测试儿童，戈登特意设计了一些儿童能够认识的物品图形，如飞机、汽车、勺子等。同时，戈登还设计了笑脸和皱眉两种面部表情图案，以供儿童作为选择答案：若测试项中成对的片段相同，儿童就在两个同样的笑脸图形上画圈；如果不同，就在一个笑脸和一个皱眉面孔图形上画圈。

戈登的《初级音乐表象测量》关注的是儿童直接的听觉印象和音乐表象作用，并是以这两方面来组织和设计测验的项目及材料的。因此，该测验既能使教育者了解到儿童的音乐潜能，同时又能促使教育者为促进儿童这两种能力的发展寻找后天的音乐经验。

（二）学前儿童音乐教育活动评价

1. 学前儿童音乐教育活动评价的特点

（1）注重过程评价

以往的学前儿童音乐教育评测往往更注重对课程目标进行评价，它更加追求评价结果的准确性、客观性，并通常采用科学化的方法。尽管这种评测操作简单方便，但它却忽略了教学过程中学生丰富的心理动态与变化，使得整个评价结果不尽如人意，评价主体与客体呈相互对立的态势。

现在的学前儿童音乐教育活动评价更注重过程评价。过程评价将教育活动过程中的全部情况都纳入其评价范围内，强调评价者与具体评价情境的交互作用，主张凡是具有教育价值的结果，无论其是否与预定目标相符合，都应受到肯定。

（2）注重主体参与评价

传统的学前儿童音乐教育活动的主体评价者是教师，而儿童只是被动的被评价者。儿童不论是在表现上，还是在感情上都受到教师的控制，由教师说了算。虽然一些其他的评价方式也会被提及，但是形同虚设，没有什么存在感。而现在新标准的音乐育活动评价注重的是"以儿童的发展为本"的价值取向，强调教学评价的主体是儿童和教师及管理者共同构成的统一体，都在教学评价中担当重任。

（3）注重多向性、交互性评价

传统的学前儿童教育活动评价的指标单一，更多地强调共性，而忽视了个体的差异性与独特性。在评价内容上，这种评价方式过多地将重点放在教科书的知识上。教师往往突出量化评测，而忽视了儿童的情感表达与审美、艺术创造等方面的发展情况。

而现在学前儿童音乐教育活动评价采取多样性和相互性的评测标准，则更多地强调主体之间的沟通。在音乐教育中，评价主体在评测过程中有一个互相讨论的机会。在评测的结果出来之前，评价主体将对被评价者有一个指导的过程，帮助其改正错误。只有这样，才能促进其发展。

（4）注重发展性、动态性评价

过去，学前儿童的音乐教育评价可以说是"为了评价而评价"，过于形式化，不具有现实指导价值，更注重最终的结果，强调终结性评论。这种评测方式将儿童仅仅看成一个单独的个体，忽视了儿童的潜力发展，并不关注儿童的其他兴趣爱好。

而现在的音乐教育活动评价除了注重结果，更注重儿童在学习过程中的表现，强调综合评价儿童在音乐学习能力、态度、情感以及价值观等，突出评价的整体性与综合性。

2. 学前儿童音乐教育活动评价的原则

（1）导向性原则

导向性原则要求教师要引导学前儿童朝着正确的方向发展，强调学前儿童的音乐评价结果要有利于儿童了解自身的进步与不足，有助其发现自己的音乐潜能，增强学习自信心，促进其音乐创造力等才能的发展。

（2）客观性原则

所谓客观原则，就是指评价者在对每一个评价对象（儿童）做出相应的评价时，绝不能仅凭主观臆断或带有个人的感情色彩，必须坚持客观、公平公正科学、实事求是的原则。只有这样，才有可能促进音乐教育活动的深入开展，才有可能真正发挥出评价的和作用。

（3）计划性原则

学前儿童音乐教育活动评价不仅仅是为了了解学生的学习情况，更是为了推动音乐教育的发展。

不论是上级领导的评价，还是教育同行之间的互相评价，或是教师自我进行的评价反思，其最终目的都是为了总结经验、教训和不足，找出问题与改进的方向。因此，评价者必须要有计划进行评价，逐渐将评价工作纳入正常的工作轨道中。

例如，某个中班的儿童在教师组织的集体音乐活动中常常不能很好地与同伴交流和合作，存在心理障碍和技能学习上的困难。他在集体合作性的韵律活动和创造性动作表现中找不到合作的伙伴，在集体的奏乐活动中也不能融于集体之中。教师在观察的基础上对该儿童做出了初步的发展方面的评价，并找出造成其发展障碍的原因，进而为他制订了一份特殊的、不断促进其发展的个案规划，且在实施过程中不断地观察、记录、再评价、再调整，最后使该儿童逐步达到了一般儿童的发展水平。

3. 学前儿童音乐教育活动的评价内容

学前儿童音乐教育活动评价包括教师教学评价和学前儿童学习的评价。

（1）学前儿童音乐教师教学评价

教师教学评价就是根据学校的教育目标和教师的工作任务，运用恰当的评价理论和方法手段对教师个体的工作进行价值判断。

教育部于2001年6月印发的《基础教育课程改革纲要（试行）》指出："建立促进教师不断提高的评价体系。强调教师对自己教学行为的分析与反思，建立以教师自评为主，校长、教师、学生、家长共同参与的评价制度，使教师从多种渠道获得信息，不断提高教学水平。"

①学前儿童音乐教师教学评价指标。

第一，教师是否热爱艺术教学，是否具有学习精神，是否愿意通过不断的学习探究提高自己的艺术教学方法，是否擅长组织教学活动，是否按照学生的兴趣来设计课堂教学模式，是否具有创意。

第二，教师在平日教学过程中是否善于观察儿童在课堂中的表现，是否留意儿童的行为，充分考虑儿童的各种差异性，是否对儿童的学习能力与行为表现给予恰当客观的评价，并通过评价能够使儿童继续保持学习艺术的热情。

第三，教师能否处理好与家长和社区之间的关系，能否合理利用社会资源为教学提供便利。

第四，教师能否将艺术课程与其他课程联系起来，能否熟练使用多媒体设备进行教学。

第五，教师是否熟知教学目标，能否对自己的教学过程进行反思与自我评价，找出问题所在并加以改进。

②学前儿童音乐教师教学评价的内容。

教师教学评价内容包括音乐专业素养评价、教学能力评价等。

音乐教师的专业素养主要包括以下四项。

第一，良好的音乐感。

第二，较高的音乐鉴赏水平

第三，良好的审美修养。

第四，丰富的音乐文化知识。

以上四项素养是音乐教师所必备的音乐学科基础素养。音乐教师的专业素养通常体现在课堂教学过程、课外活动及各级各类演出中。

教学能力评价是评价教师教学工作最常见的一种形式。评价内容主要包括六个方面。

一是教学过程的设计与目标。二是教学内容。三是教学过程。四是教学的方法与手段。五是教学的基本功。六是教学效果。

③学前儿童音乐教师教学的评价方法。

教师教学评价方法有很多，从评价主体的角度来说，目前主要有儿童评价、同行评价、领导评价、自我评价和学生成绩分析五种方法。

a.儿童评价。

儿童是教育活动的主体，他们最容易受到教师的各种影响。所以，他们的体验能够最有效地直接反映出教师某些方面的情况，如师德、教学、能力等方面的情况。

b.同行评价。

同行包括本校其他教师、外校教师等。他们往往能够做出较为恰当的评价。但是必须注意的是，评价者必须是了解被评价者相关方面的教师同行，否则，其所做出的评价就不可信。

c.领导评价。

教师所在学校的领导有责任，也有义务对教师的教学做出公正的评价，特别是有着丰富教学经验的领导，更有责任对教师的工作做出评价与指导。这种评价要求领导尽可能去深入基层接触教师，多听课、多了解，掌握丰富的信息，否则就很难做出公正的评价。

d. 自我评价。

学会自我评价是教师应具备的基本素质。自我评价不仅是教师工作评价的重要依据，而且有利于教师自我提高。学生的评价、同行的评价、领导的评价以及课堂记录都可以成为教师自我评价以及自我提高的依据。因此，学校要时常组织这种自我评价活动，让教师更好地了解自己、提升自己。

e. 儿童成绩分析。

根据儿童的学习成绩来分析教师的教学情况是最常见的一种手段，也是了解教师教学情况以及评价教学的一种方式。儿童能力的提高是实现教学目标的基本条件。根据儿童的学习成绩，教师可以改进教学方法，提高教学质量。

（2）学前儿童学习评价

"以学前儿童的发展为本"可以说是幼儿园教学的根本。因此，音乐教育必须面向全体儿童，并建立起科学完善的评价体系。评价不仅仅只是为了了解儿童的学习成绩高低，更是为了发现儿童其他方面的潜能，了解儿童的发展动态，帮助儿童更好地认识自己，增强其自信心，促进儿童的发展。

学前儿童音乐学习评价可分为形成性评价和终结性评价。

形成性评价是一种阶段性的学习效果评价方式，它的功能主要是了解儿童在某一阶段的学习效果，以便教师更好地把握儿童的学习状况，及时调整教学计划，改进教学方法。形成性评价一般采用课堂及时测评形式，它可以及时反映出学生在音乐艺术实践活动中的综合能力及审美情感的实际水平。这种将知识、能力与感情三者合为一体的综合评价方式是简便可行的。教师一般可采用观察法、问答法、表演法、测验法等方式进行评价。

期末结业检测便是终结性评价的一种。期末结业检测在形成性评价的基础上对儿童一学期内的整体学习状况进行最终检测。检测内容为整个学期的主要学习内容。评价的方式也与形成性评价基本相同。评价的根本目的是帮助教师了解儿童本学期音乐学习的整体情况，并从中做出客观评价，改进教学方法，提高教学质量，增强儿童学习自信心。

评价的内容主要包括儿童认知水平、艺术实践能力以及审美感情与学习感情三个主要方面。

①认知水平评价。

儿童对音乐的认知应达到以下水平。

a. 认识各种能够表现音乐的符号手段。

b. 掌握最基本的演唱、演奏技巧。

c. 学会感受音乐、理解音乐与表现音乐。

原则上，认识水平评价并不要求儿童背诵知识点之类，而将重点放在评测儿童运用音乐的综合能力上。

②艺术实践能力评价。

所谓艺术实践能力，就是指儿童在演唱、奏乐、鉴赏等活动中的实践能力。艺术实践能力评价的重点主要是创造性思维与艺术的表现能力。

③审美情感与学习情感评价。

音乐审美情感评价主要评价学前儿童对不同种类、不同风格题材的音乐作品的感受力与表现力。

而音乐学习情感评价则主要包括学前儿童的学习兴趣、学习音乐的态度以及学习习惯等方面的评价。

（三）幼儿园音乐教育工作的整体评价

1. 音乐教育管理评价

音乐教育管理评价具体的评价指标有九项。

①教学计划是否有充足时间展开。

②教师是否能够有备课的时间、教研活动以及进修的机会。

③幼儿园是否有明确的教学计划，以及针对每一个音乐活动、目标明确、周详的具体计划。

④幼儿园是否具备专题性的音乐工作经验总结，能否起到找出问题以及确定教学方向的作用。

⑤幼儿园是否有专门的专业人士负责主管音乐教学工作，并定期或不定期举行教育研讨会，总结指导活动。

⑥幼儿园能否将针对每个教师的教学活动评估落实到位。

⑦幼儿园是否有专业的音乐教学场所。

⑧幼儿园能否保证将一定数量的经费用于添置或更新音乐教学设备上。

⑨幼儿园是否积极地组织活动，开阔儿童的音乐视野，开展一些儿童音乐比赛等。

2. 音乐教学研究评价

音乐教学研究评价具体的评价指标有五项。

①教研组是否有教研专题，是否有计划地开展教研活动。

②幼儿园是否阶段性组织教师进行互相评课等活动。
③教研组是否注意指导教师运用现代化教学设备。
④教研组是否积极鼓励和组织教师参加市区教学评优活动。
⑤教研组是否鼓励教师多发表教学经验论文。

3. 师资队伍建设评价

师资队伍建设评价具体的评价指标有以下四项。
①幼儿园是否注重教师队伍的师德培训。
②幼儿园是否有计划地加强教师业务。
③幼儿园是否阶段性引进丰富经验教师来校示范。
④幼儿园是否加强青年教师培训。

4. 资料收集与积累评价

资料收集与积累评价具体的评价指标有以下五项。
①幼儿园在每学期是否都有关于音乐教育的各个层面的专题阶段性总结。
②幼儿园是否有专门的音乐教育专题小组总结或报告。
③幼儿园是否有领导或者教研小组的听课、评课记录。
④幼儿园是否保留了内各种有关音乐活动的照片、录音、录像。
⑤幼儿园是否有阶段性的有关音乐教育经验总结、音乐活动设计或研究报告。

二、学前儿童音乐教育的评价方法

学前儿童音乐教育评价方法是多种多样的，最常用的方法有观察法、测试法与等级量表评定法。

（一）观察法

观察法要求评价者有目的、有计划地对艺术活动中的儿童进行实时观测，并对观测的结果做出一定评价的方法。

通过观察，教师可以得知有关儿童学习情况的更多信息。观察法不仅能够使教师真实地了解每个儿童的艺术发展进程和能力，还能够帮助教师从观察结果中更好地反思自己的教育模式与教育进程，从而有效地进行调整。

"学前儿童艺术共性感知与表达能力的评价"中的大部分工作可以通过观察法得以完成，有的可以通过自然观察得以完成，有的需要教师创设活动情境进行观察并获得观察结果。

（二）测试法

测试法是教师通过标准化的测试工具，或者由个人自行设计的测试，对学前儿童的音乐发展能力进行评估的一种方法。一般来说，测试法能够比较客观真实的反映测试对象的基本情况。但由于幼儿年龄小，文字化的试题不适合他们，所以，教师应多用表现性的测验项目。

测试法的优势在于科学性较强，特别适用于不同年龄儿童或个别儿童各项艺术能力发展水平、特点、趋势和差异评估。下面，笔者以"儿童音乐动作表现力"的测试为例，说明如何通过表现性的艺术活动测试儿童的音乐发展状况。

教师在测试前需要完成两项任务。

①理解与熟悉测试工具所有指标内容的含义与打分标准。

②找到一首适合儿童即兴表演的乐曲，可以是 AB 两段体乐曲，也可以是 ABA 三段体乐曲。

儿童可以 4 人为一组进行动作即兴表演活动。教师则可以通过观察儿童的即兴表演为每一个儿童打分。

（三）等级量表评定法

等级量表评定法是指通过采用数字或等级的形式评定儿童在音乐活动中的行为与表现，为进一步的描述性、分析性评价打下基础。等级量表是评价的一种工具。凡是使用等级量表工具而展开的评价都是等级量表评定法。鉴于此，观察法、测试法与等级量表评定法是根据不同标准划分的评价方法类型，故具有交叉性。在很多时候，观察法与测试法所使用的工具就是等级量表，这时观察法与测试法都同时是等级量表评定法。反过来说，等级量表评定法也是离不开观察法与测试法的。

等级量表评定法的优势有两点。

①能使教师对个别儿童或全班儿童艺术发展水平的判断具体化。等级量表评定法不会为教师提供有关儿童发展水平的新信息，但却为教师提供了儿童发展水平的具体细节。

②使用便捷。等级量表评定法用表格的形式，把儿童艺术或学习品质发展的各个方面全部列出来。教师只要通过观察或测试的方式打钩或打分数就行了。操作极其方便。

等级量表评定法的局限也有两点。

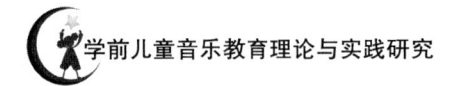

①只适合于测定儿童艺术知识与技能方面的能力,很难测评意识范畴或高级心理层面的能力。

②教师如果误用等级量表,就会压抑儿童个性。等级量表评定从表面上看像一种达标测验。但当教师把评价目的定为检测儿童的音乐学习表现是否达标时,评价目的就被异化了,反而会阻碍儿童艺术或个性发展。

参考文献

[1] 潘健，张孜，岳彩晨．学前儿童音乐教育 [M]．西安：西北工业大学出版社，2015．

[2] 黄瑾，阮婷．学前儿童音乐教育与活动指导 [M]．上海：华东师范大学出版社，2015．

[3] 王秀萍．学前儿童经验音乐教育 [M]．合肥：安徽文艺出版社，2009．

[4] 王秀萍．一种经验的学前儿童音乐教育 [M]．合肥：安徽文艺出版社，2011．

[5] 何雨梦．儿童音乐教育可拓学 [M]．北京：九州出版社，2017．

[6] 康敏．学前儿童音乐教育 [M]．北京：机械工业出版社，2017．

[7] 阎妍．学前儿童音乐教育 [M]．北京：清华大学出版社，2016．

[8] 丁凯．学前儿童音乐教育 [M]．北京：科学出版社，2014．

[9] 范娟．音乐教育对学前儿童发展的价值 [J]．延边教育学院学报，2018（03）．

[10] 韩华民．关于学前儿童音乐教育的思考 [J]．课程教育研究，2018（35）．

[11] 蔡骈．奥尔夫教学法与学前儿童音乐教育 [J]．科教文汇（下旬刊），2018（09）．

[12] 李咏云．浅谈如何开展学前儿童音乐教育活动 [J]．黄河之声，2018（14）．

[13] 陶丽娟．构建有效的学前儿童音乐教育教学课堂 [J]．北方音乐，2018（02）．

[14] 彭鹏．论学前儿童音乐教育课程实践教学体系的构建 [J]．吉林省教育学院学报，2018（03）．

[15] 郭璐．学前儿童音乐创造力培养的教学设计 [J]．北方音乐，2017（23）．

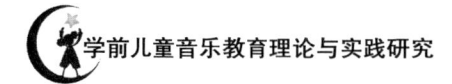

[16] 徐文. 基于启发与培养音乐兴趣的学前儿童音乐教育探究 [J]. 佳木斯职业学院学报，2017（11）.

[17] 毛静. 奥尔夫音乐教育思维在学前教育专业中的拓展 [J]. 北方音乐，2017（01）.